Kreative Kindermalschule

Meine liebsten Tierkinder

Ute Ludwigsen-Kaiser

Kreative Kindermalschule
Meine liebsten Tierkinder

EV ENGLISCH

Bibliografische Information der Deutschen Bibliothek
Die Deutsche Bibliothek verzeichnet diese Publikation in der
Deutschen Nationalbibliografie;
detaillierte bibliografische Daten sind im Internet über
http://portal.d-nb.de abrufbar.

© by Englisch Verlag, Wiesbaden 2010
ISBN: 978-3-86230-156-0
Alle Rechte vorbehalten. Nachdruck, auch auszugsweise, verboten.
Herstellung: Michael Feuerer
Printed in Germany
1 2 3 4 5 6 – 14 13 12 11 10

Ute Ludwigsen-Kaiser ist langjährige Dozentin für
naturalistisches Zeichnen, Aquarell- und Pastellmalerei.
Seit über 10 Jahren unterrichtet die Pädagogin an ihrer privaten
Malschule Kinder im Zeichnen und Malen.

Inhaltsverzeichnis

Vorwort

Bestimmt magst Du Tiere, oder? Und Tierbabys sind ganz besonders süß! Das finde ich auch – und deshalb habe ich dieses Buch geschrieben.

In meiner Reihe Kreative Kindermalschule gibt es zwar schon ein Buch, das Dir zeigt, wie Tiere gezeichnet werden, aber dieses Buch hier ist anders: Es beschäftigt sich nur mit Tierkindern. Es ist nämlich schon ein Unterschied, ob man ein erwachsenes Tier vor sich hat oder ein Tierbaby. So sind z. B. die Größenverhältnisse von Kopf und Körper bei erwachsenen Tieren und Tierkindern völlig anders. Bei einem Tierbaby ist der Kopf im Verhältnis zum Körper meist größer, die Beine sind oft dicker, aber kürzer – oder aber viel länger und dünner – als bei seiner Mama. Das ist der Grund, warum

ein Tierkind oft tollpatschig, lustig und so süß aussieht. Ich möchte Dir in diesem Buch zuerst Grundlagen und Hilfen geben, die beim Zeichnen nützlich sein werden. Dafür ist es wichtig, dass Du auch die ersten Seiten in diesem Buch liest – besonders das Kapitel über Maße und Größen sei Dir ans Herz gelegt. Dort geht es darum, wie man die richtigen Größenverhältnisse bei einem Tierbaby findet.

Jedes Bild habe ich in viele kleine Schritte zerlegt, damit Du alles gut verstehen und nachzeichnen kannst.

Ich wünsche Dir viel Spaß und Erfolg beim Zeichnen.

Deine Ute Ludwigsen-Kaiser

Das Wichtigste zuerst

Alles über Stifte und Farben

Du kannst sofort mit dem Malen der Bilder in diesem Buch beginnen, denn einen Bleistift, Buntstifte in verschiedenen Farben, einen Radiergummi, einen Anspitzer und natürlich Zeichenpapier hast Du bestimmt schon zu Hause. Was brauchst Du noch? Lust, etwas Neues zu lernen! Und ein bisschen Geduld, denn bevor wir anfangen Tierbabys zu zeichnen, möchte ich Dir noch einige Dinge zeigen, die Dir später beim Zeichnen helfen werden.

Die Buntstifte

Mit diesen Farben habe ich die Bilder in diesem Buch gemalt:

Hell- und Dunkelgelb *Hell- und Dunkelorange* *Rosa*

Lila *Hell- und Dunkelrot* *Hell- und Dunkelblau*

Hell- und Dunkelgrün *Hell- und Dunkelbraun* *Rotbraun*

Fleischfarbe *Hell- und Dunkelgrau* *Schwarz*

Deine Farben können etwas anders aussehen, aber das macht nichts. Es ist nur wichtig, dass Du von fast jeder Farbe einen hellen und einen dunklen Farbton hast.

Mit einem Buntstift kann man zeichnen wie mit einem Bleistift – aber das weißt Du ja. Obwohl Du bestimmt schon sehr oft mit Buntstiften gemalt hast, solltest Du Dir die folgenden Seiten trotzdem ansehen. Ich möchte Dir einige Zeichentechniken zeigen, die besonders wichtig sind, wenn man z. B. Fell zeichnen möchte. Am besten holst Du Dir einen Zeichenblock und Deine Buntstifte und machst gleich mit!

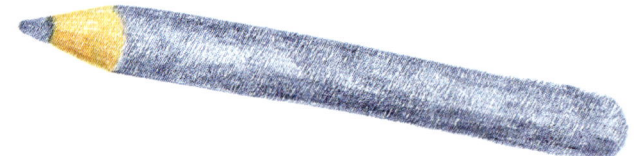

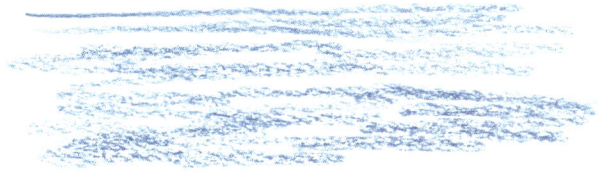

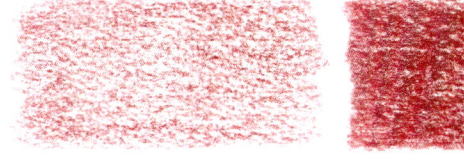

Mit der Spitze des Buntstiftes kann man Linien ziehen.

Wenn Du ihn flacher hältst, entstehen Flächen, mit wenig Druck helle, mit mehr Druck dunkle.

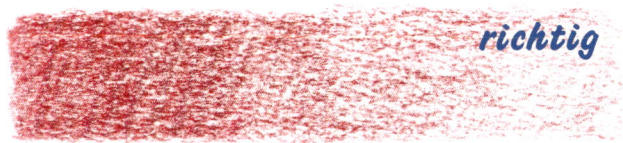

So solltest Du es nicht machen! Wenn Deine Farbfläche so aussieht, hast Du mit zu langen Strichen gearbeitet und den Buntstift immer wieder angehoben.

So ist es gut! Lass den Stift auf dem Papier und male mit kurzen Strichen. Das dauert zwar etwas länger, aber die Mühe lohnt sich.

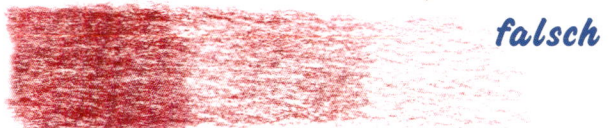

richtig · *falsch*

Oft ist es wichtig, in einer Fläche sowohl den hellsten als auch den dunkelsten Ton zu malen – mit vielen Zwischentönen, damit ein weicher und fließender Übergang ohne harte Kanten entsteht.

Aufgabe:
Einen weichen, fließenden Übergang von einem Ton zum anderen hinzubekommen, ist gar nicht so einfach! Probier es mal aus!

Bei Tieren mit einem längeren oder gemusterten Fell brauchst Du eine andere Technik: Das **Schraffieren**. Hier sollte zwischen den einzelnen Strichen das Papier etwas hindurch schimmern.

Wenn eine Form so ausgemalt wird, nennt man das **flächig arbeiten**. Diese Zeichentechnik brauchst Du für Tiere, die eine glatte Haut haben, wie Elefanten und Schweine, oder ein kurzes, gleichmäßiges Fell, wie z.B. Pferde.

Mit Buntstiften kann man auch Farben mischen. Dazu malst Du auf dem Papier zwei oder mehrere Farben übereinander.

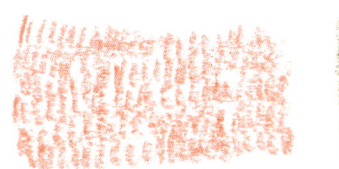 

Diese Striche können in eine Richtung gesetzt werden und lang oder kurz sein.

Beim *flächigen* Arbeiten sieht das aus wie oben, beim *Schraffieren* so:

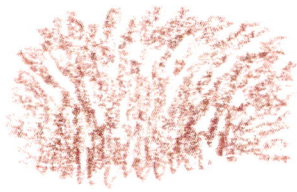 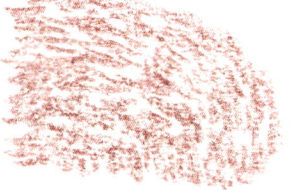

Sie können auch in unterschiedliche Richtungen laufen, je nachdem, in welche Richtung die Fellhaare zeigen.

Alles über Grundformen und Hilfslinien

Wenn Du schon mit Büchern aus der Reihe Kindermalschule gearbeitet hast, weißt Du, was Grundformen sind. Für alle anderen Kinder erkläre ich es noch einmal.

Es gibt fünf Grundformen:

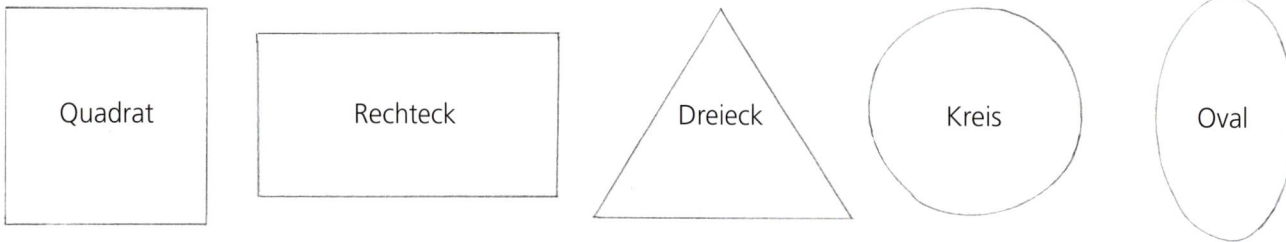

Quadrat | Rechteck | Dreieck | Kreis | Oval

Alles, was Du siehst, passt in eine oder mehrere Grundformen!

Ein Bleistift passt in ein **Rechteck**.

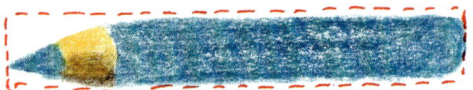

Ich habe die Grundformen mit einer roten gestrichelten Linie gezeichnet, um deutlich zu machen, dass es **Hilfslinien** sind. Damit Du sie später, wenn Du mit Deiner Zeichnung zufrieden bist, wieder wegradieren kannst, benutzt Du am besten einen Bleistift.

Die Weintrauben passen in ein **Dreieck**, der Stiel in ein **Rechteck**.
Die Grundform der Blüte ist ein **Kreis**, die Blätter passen in **Dreiecke**.

Einen Baum zeichnet man aus einem **Kreis** für die Krone und einem **Rechteck** für den Stamm.

Die Grundform für ein Glas ist auch ein **Rechteck** – aber wenn Du genau hinsiehst, brauchen wir noch ein **Oval** – das ist die Öffnung.

Die Grundform eines Apfels ist ein **Kreis**.

Alles über Maße und Größen

Tierkinder sehen anders aus als erwachsene Tiere. Meist sind die Köpfe im Verhältnis zu den Körpern sehr groß, wie z. B. bei den Bären, Hunden und Katzen. Manchmal sind die Beine auch sehr lang und die Köpfe scheinen zu klein – wie bei einem Fohlen.

Ein gutes Hilfsmittel, diese Größenverhältnisse, die man auch Proportionen nennt, festzulegen, ist das **Kopfmaß**. Mit diesem Maß kannst Du den Körper, aber auch die Länge der Beine und anderer Gliedmaßen abmessen, indem Du überlegst, wie viel Mal die Länge des Kopfes z. B. in die Körperlänge passt.

Zum Beispiel: ein Fohlen

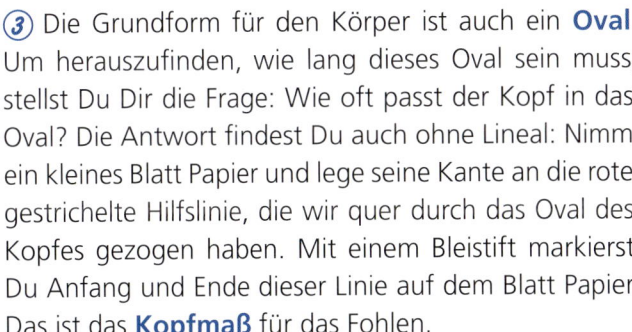

Da wir den Kopf als Maß benutzen, beginnen wir die Zeichnung auch damit – und nun brauchen wir die Grundformen!

① Ein Fohlen hat einen langen, schmalen Kopf. Die Grundform für den Kopf ist also ein schräges **Oval**.

② Durch die Mitte des Ovals habe ich eine rot gestrichelte Linie gezogen. **Das ist unser Kopfmaß!**

③ Die Grundform für den Körper ist auch ein **Oval**. Um herauszufinden, wie lang dieses Oval sein muss, stellst Du Dir die Frage: Wie oft passt der Kopf in das Oval? Die Antwort findest Du auch ohne Lineal: Nimm ein kleines Blatt Papier und lege seine Kante an die rote gestrichelte Hilfslinie, die wir quer durch das Oval des Kopfes gezogen haben. Mit einem Bleistift markierst Du Anfang und Ende dieser Linie auf dem Blatt Papier. Das ist das **Kopfmaß** für das Fohlen.

Nun probierst Du aus, wie oft es in den Körper des Fohlens passt. Hier passt der Kopf einmal ganz und einmal zur Hälfte hinein.

Genauso findest Du auch die Breite des Ovals heraus. Sie beträgt ziemlich genau ein Kopfmaß.

④ Jetzt entstehen die Beine. Wie lang sie sind, erkennst Du an der roten gestrichelten Linie: Der Kopf passt 1 ½ Mal in die Länge der **Beine**. Nun kannst Du die Beine mit ganz einfachen geraden Linien zeichnen. Die **Ohren** werden als kleine Dreiecke angesetzt.

Die Größenverhältnisse von Kopf, Körper und Beinen haben wir jetzt geklärt. Nun kommt es darauf an, in diese Linien das Fohlen zu zeichnen.

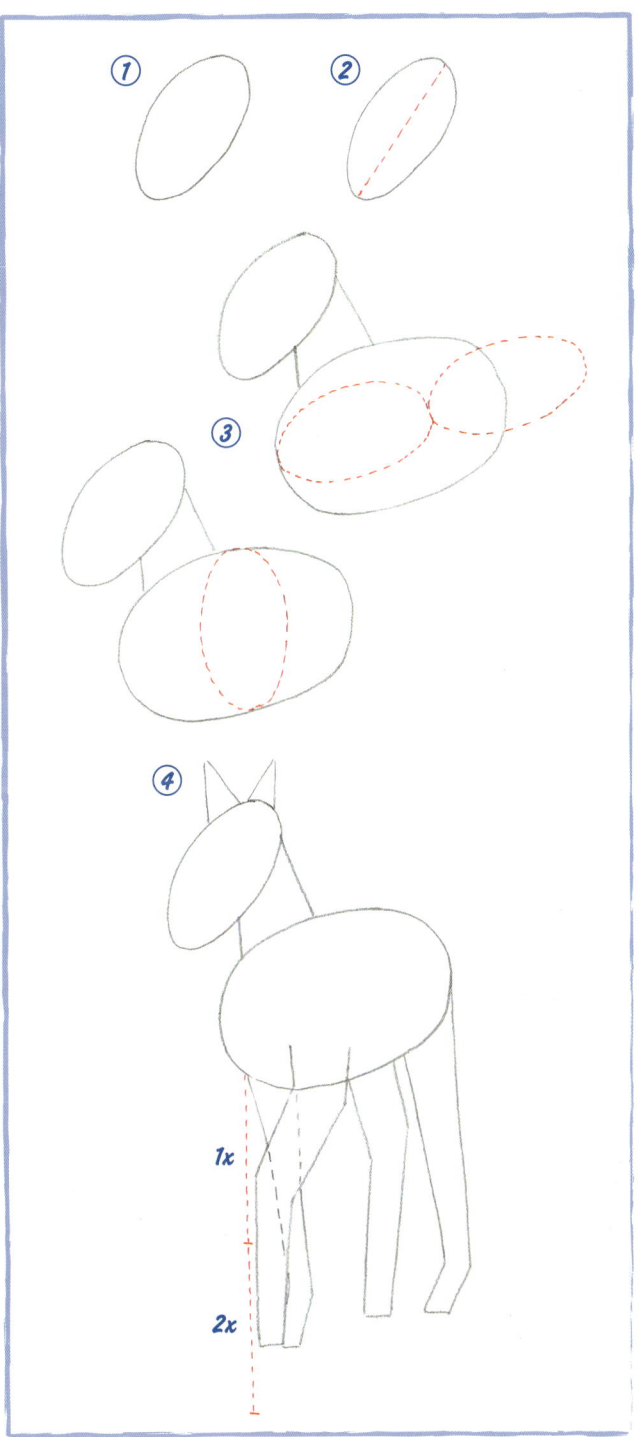

⑤ Wir beginnen wieder mit dem Kopf. Die Spitzen der Ohren werden runder gezeichnet. Anschließend entsteht die endgültige Kopfform des Fohlens innerhalb der roten Linien des Ovals. Auf dem Bild erkennst Du, wo die neuen Linien das Oval berühren und wo sie es verlassen. Genauso zeichnet man auch den Körper und die Beine. Achte genau darauf, wie die neuen Linien innerhalb der roten Hilfslinien verlaufen.

⑥ Zum Schluss radierst Du die Hilfslinien weg – und Dein Fohlen sollte so ähnlich aussehen:

So, wie wir dieses Fohlen gezeichnet haben, werden alle Tiere in diesem Buch gezeichnet. Weil aber jedes Tier anders ist, müssen jedes Mal die Größenverhältnisse neu ausgemessen werden. Aber mit Hilfe des Kopfmaßes wird Dir das sicher leicht fallen!

Meine liebsten Tierkinder
Auf dem Bauernhof

Das Fohlen lebt auf einem Bauernhof, zusammen mit vielen anderen Tieren. Deshalb bleiben wir noch etwas hier und malen noch weitere Tierkinder. Wir brauchen auch gar nicht lange zu suchen. Im Garten sitzen zwei kleine Entenküken auf einem Baumstumpf.

Zwei kleine Entenküken

① Wir beginnen unsere Zeichnung mit dem rechten Küken. Die Grundform für den Kopf ist ein **Oval**. Die senkrechte rote Linie zeigt die Länge des Ovals – das ist das **Kopfmaß** für dieses Küken.
Die Grundform des Körpers ist ein **Kreis**, in den der Kopf etwas mehr als einmal hineinpasst. Oval und Kreis überschneiden sich, da das Küken den Kopf ein wenig nach unten senkt.

② Auch der Schnabel passt in eine Grundform: ein **Dreieck**. Zum Schluss entsteht das Auge. Es liegt etwa auf der Hälfte des Kopfes und sieht aus wie ein kleines Oval mit einem schwarzen Punkt am oberen Rand.

③ In das Dreieck zeichnest Du jetzt die gebogenen Linien des Schnabels. Nun fehlen nur noch die Beine und die Füße. Das erste Küken ist fertig.

④ Den Kopf des zweiten Kükens sehen wir von der Seite, deshalb muss das **Oval** fast waagerecht gezeichnet werden. Der Körper ist ein **Kreis**, in den der Kopf etwas mehr als einmal hineinpasst.

⑤ Das kennst Du jetzt schon: Eine kleine gebogene Linie verbindet den Kopf mit dem Körper. Für den Schnabel wird wieder ein **Dreieck** angesetzt. Jetzt fehlt nur noch das Auge.

⑥ Die gebogenen Linien des Schnabels entstehen innerhalb des Dreiecks. Wie die Füße gezeichnet werden, siehst Du im Bild.

⑦

①

②

③

⑦ Hier siehst Du nun die Vorzeichnung der beiden Küken. Die rote gestrichelte Linie zeigt den Teil des rechten Kükens, der vom linken Küken verdeckt wird.
Am Beispiel des linken Kükens zeige ich Dir jetzt, wie sie bunt gemalt werden.

Du brauchst folgende Farben:

Hellgelb Hellorange Rosa Hellbraun Schwarz

① Die flauschigen Federn sind hellgelb. Trage die Farbe mit kurzen Strichen auf – zwischen den einzelnen Strichen darf das Papier hindurch schimmern.
Für den Schnabel nimmst Du Rosa und für die Füße Hellorange.
Das Auge malst Du mit Schwarz. Achte auf den kleinen weißen Lichtpunkt. Dort bleibt weißes Papier stehen.

② Mit Hellorange und Hellbraun werden die Federn weiter ausgearbeitet. Arbeite immer in die Richtung, in die die Federn gewachsen sind! Die kleine Zeichnung soll Dir helfen, die richtige Richtung zu erkennen. Die Füße bekommen eine hellgelbe Übermalung. Das erste Küken ist fertig!

③ Das zweite Küken wird genauso gemalt. In der kleinen Zeichnung siehst Du die Richtung der Federn.

Die Küken sind fertig. Aber wir können noch ein richtiges Bild daraus machen. Hast Du Lust? Mit folgenden Farben habe ich weitergemalt:

Hellgrün Dunkelgrün Rotbraun

Hellbraun Dunkelbraun Dunkelblau

Die beiden Küken stehen auf einem Baumstumpf. Er wird mit Hellbraun grundiert. Die unterschiedliche Tönung – mal hell, mal dunkel – entsteht, wenn Du den Druck auf den Buntstift veränderst: Dunkler wird es, wenn man fester aufdrückt, heller, wenn der Stift ganz locker über das Papier geführt wird.
Die Linien in den Zweigen sind rotbraun. Oben habe ich sie mit Hellgrün ummalt, unten mit Dunkelgrün.

Das Bild ist fast fertig. Male nun den Himmel mit Dunkelblau. Versuche, immer waagerecht in eine Richtung zu arbeiten, auch wenn Du um die kleinen Zweige herummalen musst.
Die Schatten im Baumstumpf entstehen mit Dunkelbraun. Zum Schluss überarbeitest Du die dunkelgrünen Zweige noch einmal mit Hellgrün.
Das Bild ist jetzt fertig. Gefällt es Dir?

Ein Kälbchen

Wir bleiben noch ein wenig auf dem Bauernhof und machen uns auf den Weg zur Wiese. Dort finden wir ein Kälbchen, und das malen wir jetzt!

① Der Kopf passt in ein **Oval**. Die rote gestrichelte Hilfslinie zeigt Dir das **Kopfmaß**. Für den Körper brauchen wir ein **Rechteck**, in das der Kopf dreimal hineinpasst. Wir sehen das Kälbchen von der Seite, aber es schaut uns an. Deshalb überschneiden sich das Oval und das Rechteck.

② Die Ohren sind kleine **Dreiecke**, an denen die untere Spitze fehlt. An das große Rechteck zeichnest Du die Beine. Ihre Länge findest Du mit Hilfe des Kopfmaßes heraus. Achte darauf, dass die Beine oben breiter sind als unten. Die Größenverhältnisse von Kopf, Körper und Beinen stimmen – also können wir damit beginnen, in diese Hilfslinien das Kälbchen zu zeichnen.

③ Nun zeige ich Dir, wie der Kopf gezeichnet wird:
a) Zuerst entsteht die richtige Kopfform des Kälbchens. Dann werden die Ohren runder gezeichnet.
b) Um die Augen und die Nase an die richtige Stelle setzen zu können, zeichnest Du ein Kreuz aus Hilfslinien in das Oval. Weil das Kälbchen den Kopf etwas schräg hält, sind auch die Hilfslinien etwas schräg. Die fast waagerechte Linie verläuft knapp unterhalb der Ohren, die fast senkrechte Linie durch die Mitte des Kopfes. Für die Nase brauchen wir ein kleines Rechteck.
c) Auf die fast waagerechte Linie zeichnest Du die Augen. In dem kleinen Rechteck entstehen die Nase und das Maul.

④ Nun werden innerhalb der Hilfslinien der Körper und die Beine gezeichnet. Auf dem Bild siehst Du, wo die neuen Linien die Hilfslinien verlassen und wo sie sie berühren.

⑤ Das ist die fertige Vorzeichnung, nachdem alle Hilfslinien wegradiert wurden.

Mit diesen Farben habe ich das Kälbchen im Gras bunt gemalt:

Dunkelgelb Rosa Hellgrün Dunkelgrün

Dunkelbraun Hellgrau Rotbraun Schwarz

Das Kälbchen hat rotbraunes Fell und weiße Flecken im Gesicht und an den Beinen. Mit einem rotbraunen Buntstift malst Du zunächst diese Bereiche. Weil das Fell sehr kurz ist, versuche mit dem Buntstift so zu arbeiten, dass eine gleichmäßige Fläche entsteht und man keine einzelnen Striche sieht.

Anschließend malst Du mit Hellgrau die wenigen dunklen Bereiche an den Beinen und am Kopf. Die Locken oben auf dem Kopf entstehen durch kleine gebogene Linien, zwischen denen das Papier hindurch schimmert. Für die Augen nimmst Du Schwarz – für die Nase und das Maul Rosa.

Unser Kälbchen ist fast fertig. Es fehlen noch die Schatten im Fell. Dafür nimmst Du Dunkelbraun und Dunkelgelb. Die rosafarbene Nase wird mit Schwarz behutsam abgedunkelt. Zum Schluss werden Teile der Beine mit Dunkelgelb getönt.

Das Kälbchen steht auf einer Wiese – aber man sieht nur etwas Gras.

Hast Du nicht Lust ein richtiges Bild zu malen, mit einem Bauernhof im Hintergrund, oder Feldern und Wiesen, Hügeln, Bäumen? Viel Erfolg dabei!

Ein Ferkel

Auf unserem Bauernhof leben auch ein paar Schweine. Ein Ferkelchen krabbelt gerade aus einem kleinen Fass, und das malen wir!

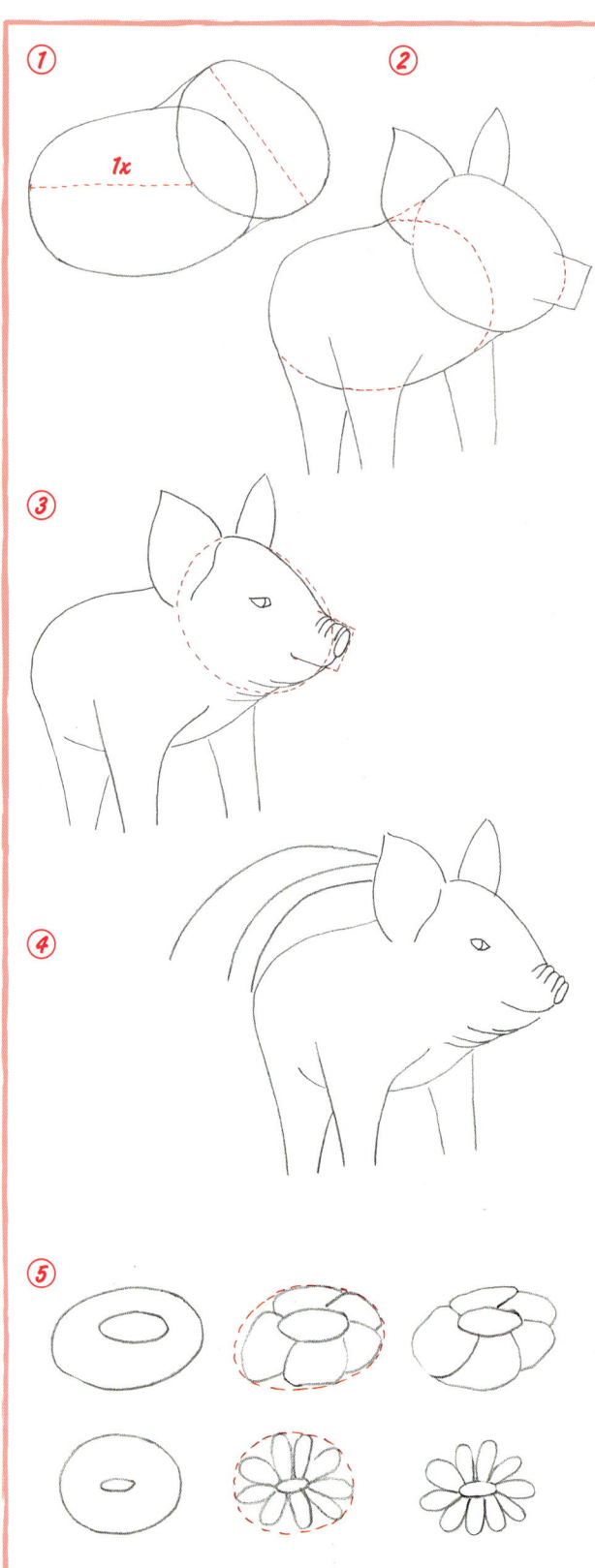

① Wir beginnen mit dem Kopf. Seine Grundform ist ein schräg gezeichnetes **Oval**.
Für den Körper zeichnen wir ein waagerechtes **Oval**. Kopf und Körper überschneiden sich. Vom Kopf aus gemessen passt das Kopfmaß einmal in den Körper.

② Nun zeichnen wir die Ohren als abgerundete **Drei-ecke**. Für die Nase brauchen wir ein kleines **Quadrat**. Dann setzt Du die Beine an den Körper. Man sieht nur drei, denn das vierte ist verdeckt.

③ In das kleine Oval zeichnest Du jetzt die Kopf- und Nasenform. Die Zeichnung zeigt Dir, wo die neuen Li-nien die roten Hilfslinien berühren oder verlassen. Nun fehlt nur noch das Auge.

④ Das kleine Schweinchen krabbelt aus einem Fass, von dem man aber nur einige runde Linien sieht.

⑤ Der hintere Teil des Schweinchens und ein Teil des Fasses werden von Blumen verdeckt. Sie entstehen aus Grundformen:
a) Um ein kleines **Oval** für die Blütenmitte zeichnest Du ein größeres **Oval**.
b) In das größere Oval zeichnest Du dann die Blüten-blätter – und fertig sind die Blumen!

Das ist die Vorzeichnung, wenn alle Hilfslinien wegra-diert worden sind.

Auch dieses Bild malen wir nun bunt. Ich habe diese Farben verwendet:

Rosa	Fleischfarbe *oder*	Dunkelgelb	Hellorange	Rotbraun
Dunkelbraun	Dunkelblau	Hellgrün	Dunkelgrün	Schwarz

① Grundiere das Schweinchen mit dem Buntstift in Rosa. Da es eine glatte Haut hat und kein Fell, wird die Farbe **flächig** aufgetragen. Hier musst Du ganz besonders die dunkleren und helleren Bereiche beachten, um Licht und Schatten wiederzugeben und zu zeigen, dass das Schweinchen schön rund ist.

② Anschließend wird das Schweinchen mit dem fleischfarbigen Buntstift übermalt. Du kannst jedoch auch Dunkelgelb nehmen. Die dunkelsten Bereiche entstehen mit Rotbraun. Die Farben für das Fass sind Dunkelbraun und Schwarz. Auch den hinteren Teil des Schweinchens übermalst Du mit Schwarz.
Die Blumen sind dunkelblau und hellorange und hellgelb und dunkelblau. Natürlich können Deine Blumen ganz anders aussehen.

Das hellgrüne Gras wird nicht flächig, sondern mit unterschiedlich langen und kurzen Buntstiftstrichen gemalt. Mit Dunkelgrün habe ich das Gras weiter ausgearbeitet und mit Orange etwas Schatten in die gelben Blüten gesetzt. Mein Bild ist jetzt fertig!

Zwei Zicklein

Auf unserem weiteren Weg über den Bauernhof begegnen wir zwei kleinen Zicklein. Sie haben einen Baumstamm gefunden, und auf diesem lässt es sich herrlich spielen!

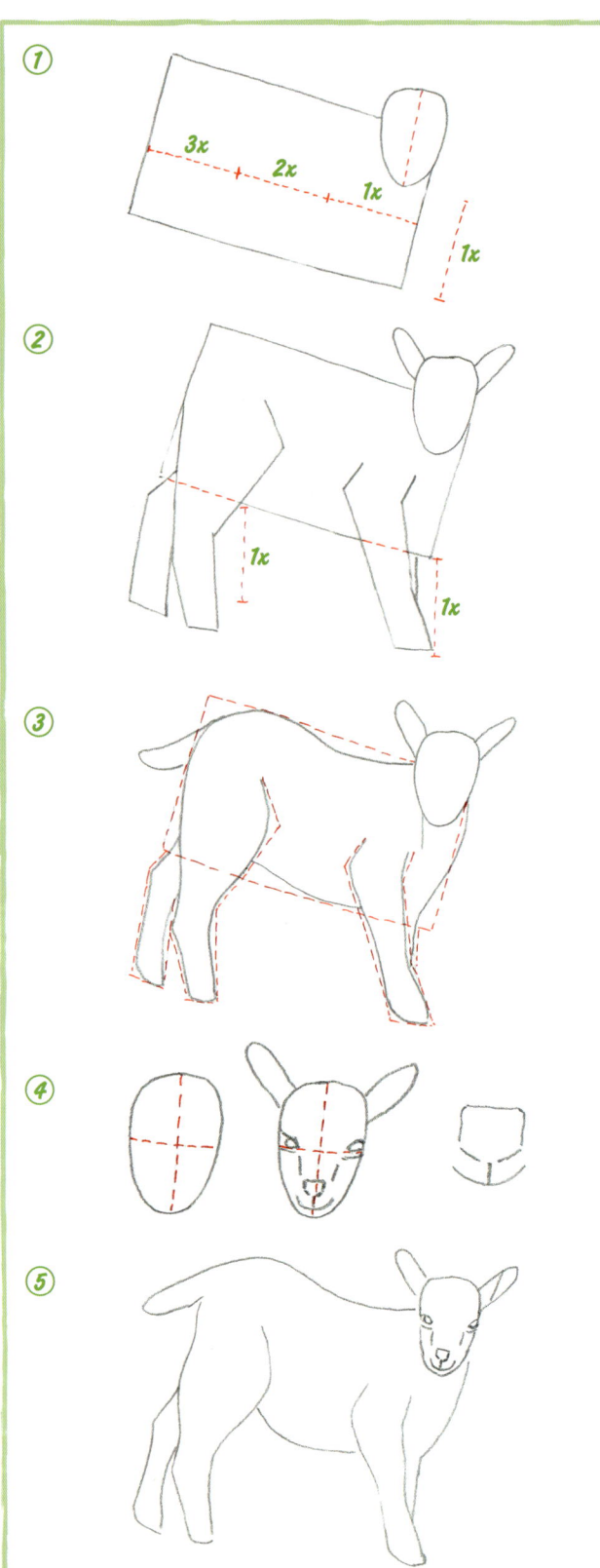

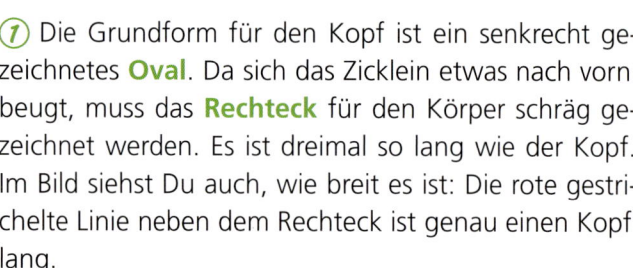

Zuerst zeichnen wir das Ziegenkind, das auf dem Baum steht.

① Die Grundform für den Kopf ist ein senkrecht gezeichnetes **Oval**. Da sich das Zicklein etwas nach vorn beugt, muss das **Rechteck** für den Körper schräg gezeichnet werden. Es ist dreimal so lang wie der Kopf. Im Bild siehst Du auch, wie breit es ist: Die rote gestrichelte Linie neben dem Rechteck ist genau einen Kopf lang.

② Nun werden die Beine gezeichnet. Die Vorderbeine sind einen Kopf lang, die Hinterbeine etwas länger. Zeichne sie mit einfachen, geraden Linien. An das Oval für den Kopf setzt Du die Ohren.

③ Jetzt zeichnest Du das Zicklein innerhalb der rot gestrichelten Hilfslinien. Alle Linien werden runder gezeichnet.

④ In zwei Schritten entsteht das Gesicht:
a) In den Kopf wird ein Hilfslinien-Kreuz gezeichnet. Die waagerechte Linie verläuft etwas oberhalb der Mitte, die senkrechte Linie genau durch die Mitte.
b) Die Augen liegen sehr weit auseinander, fast an den Seiten des Ovals. Zeichne sie auf die waagerechte Linie. Die Nase und das Maul siehst Du in einer Vergrößerung.

⑤ Die erste kleine Ziege ist fertig.

① Die zweite kleine Ziege wird ein wenig anders gezeichnet. Zunächst brauchen wir ein schräg stehendes **Oval** für den Kopf. Das dicke **Oval** für den Körper ist etwas länger als der Kopf. Versuche selbst herauszufinden, wie dick es ist, indem Du das Kopfmaß benutzt.

② Die Länge der Beine wird diesmal vom Kopf aus gemessen. Auf dem Bild siehst Du, wie lang sie sind.

③ Nun wird die eigentliche Form innerhalb der rot gestrichelten Hilfslinien gezeichnet.

④ Die richtige Kopfform, die Nase, das Maul und das Auge entstehen jetzt.

⑤ Auch die zweite kleine Ziege ist fertig.

⑥ Wenn Du jetzt noch den Baumstamm unter das erste Zicklein zeichnest, ist auch die Vorzeichnung für Dein Bild fertig.

Du brauchst nicht viele Farben, um die beiden Ziegenkinder bunt zu malen:

Dunkelgelb	Hellgrün	Dunkelgrün	Rosa	Hellblau
Rotbraun	Hellbraun	Dunkelbraun	Schwarz	

Das weiße Fell der Ziegen wird nur mit wenigen Strichen angedeutet. Hier siehst Du, in welche Richtung diese Striche gesetzt werden müssen:

Mit Hellbraun bearbeitest Du die dunklen Bereiche des Fells. Das Innere der Ohren, die Nase und die Umgebung der Augen sind hellrosa. Die Augen und das Maul sind schwarz.

Den Baumstamm grundierst Du mit Dunkelgelb, Dunkelbraun und Rotbraun.

Mit Hellblau wird das Fell weiter ausgearbeitet. Die Hufe sind schwarz, und das Rosa der Ohren wird leicht mit Schwarz übermalt. Die Zicklein sind fertig!

Mit Dunkelbraun entsteht nun die Maserung des Baumstamms, und mit Grün wird das Gras davor gemalt. Für den weißen Hintergrund fällt Dir bestimmt etwas ein, um Dein Bild noch schöner zu machen!

Eine Pferdemutter und ihr Fohlen

Was wäre ein Bauernhof ohne Pferde! Auf einer Weide, ganz in der Nähe der Ziegenkinder, finden wir eine Pferdemutter mit ihrem Fohlen.

① Zuerst zeichnen wir die Pferdemama und beginnen mit dem **Oval** für den Kopf. Die Grundform für den Körper ist ein **Rechteck**, das zweimal so lang ist wie der Kopf. Das Pferd steht zwar seitlich, hat aber den Kopf so gedreht, dass es das Fohlen ansehen kann. Deshalb muss der Kopf über die rechte obere Ecke des Rechtecks gezeichnet werden.

② Nun entstehen die Beine. Das Pferd steht schräg, deshalb sind die hinteren Beine kürzer als die vorderen. Das Kopfmaß zeigt Dir, wie lang die Vorderbeine sind.

③ Jetzt wird der Kopf der Pferdemutter mit einfachen, geraden Linien in das Oval gezeichnet.
Runde die Linien ab, zeichne das Maul, die Nüstern und das Auge, bevor Du abschließend die Mähne andeutest.

④ In den roten Hilfslinien entstehen jetzt der Körper und die Beine. Alle Linien werden runder gezeichnet. Sieh genau hin, dann erkennst Du, wo die neuen Linien die Hilfslinien berühren und verlassen.
Bevor wir das Fohlen zeichnen, schau Dir schon einmal die fertige Vorzeichnung auf der nächsten Seite an, damit Du weißt, wo das Oval für den Kopf des Fohlens hingezeichnet werden muss. Es befindet sich genau zwischen den Vorder- und Hinterbeinen der Pferdemutter.

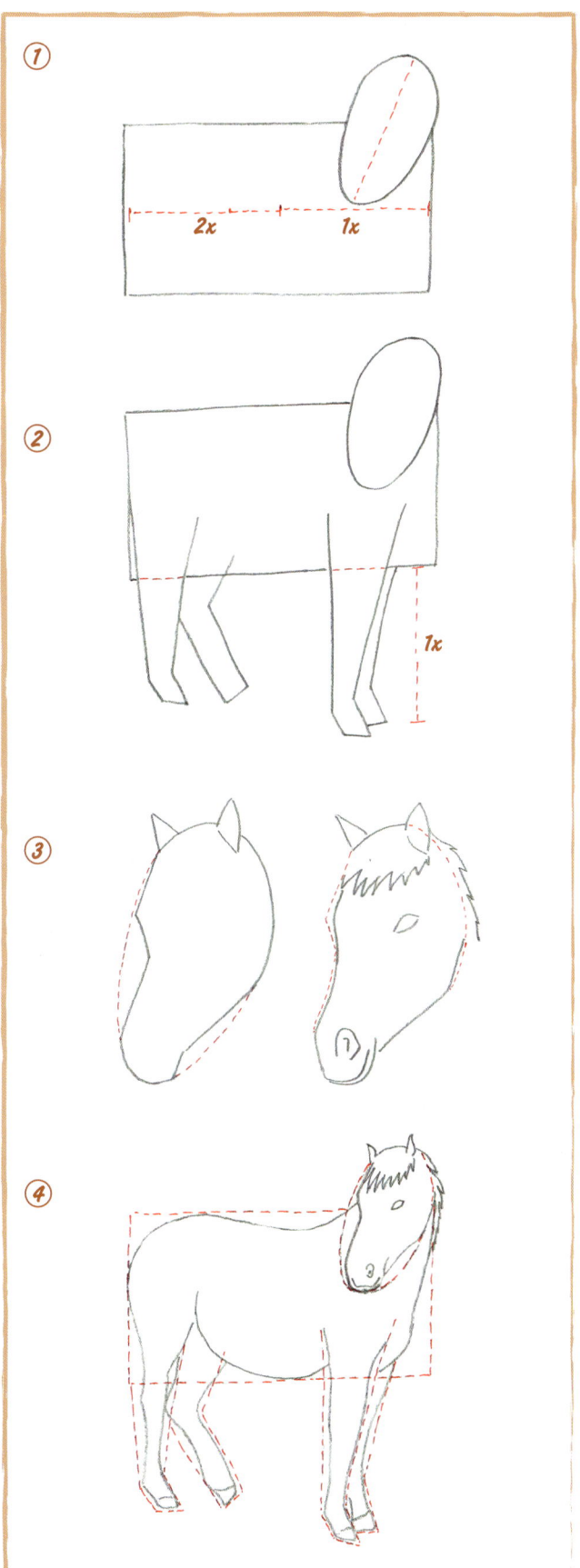

① Ein großes waagerecht liegendes **Oval** bildet den Körper des Fohlens. Es ist etwas länger als ein Kopfmaß.

② Nun entstehen die angewinkelten Beine. Das ist nicht so einfach, deshalb schau genau hin!

③ Nun wird der Kopf des Fohlens in das Oval gezeichnet – aber das kannst Du jetzt alleine.

④ Die eigentlichen Formen des Fohlens werden innerhalb der roten Hilfslinien gezeichnet.

⑤ Die Vorzeichnung ist fertig. Jetzt kannst Du mit Buntstiften weitermalen. Ich habe diese Farben benutzt:

| Dunkelgelb | Rotbraun | Dunkelbraun | Dunkelgrau | Schwarz |

Pferde haben ein kurzes, glattes Fell. Deshalb wird die Farbe **flächig** aufgetragen.

Beginne bei der Pferdemama mit Rotbraun, bei dem Fohlen mit Dunkelgelb. Achte darauf, dass jetzt schon hellere und dunklere Bereiche entstehen.

Die Nüstern und die Hufe sind dunkelgrau, die Augen, die Mähnen und der Schweif schwarz.

Die rotbraune Farbe der Pferdemama bekommt eine dunkelgelbe Übermalung. Dort, wo das Rotbraun nur leicht aufgetragen wurde, sieht man jetzt das Dunkelgelb sehr deutlich.

Anschließend entstehen mit Schwarz die dunkelsten Schatten im Fell. Drücke hier mit dem Buntstift nicht zu fest auf: Das Schwarz soll sich nur ganz leicht über das Rotbraun legen.

Auch das Fell des Fohlens wird leicht übermalt – mit Rotbraun. Die dunkelsten Schatten des Fohlens werden mit Dunkelgrau gemalt.

Male noch eine Blumenwiese dazu – und fertig ist ein wunderschönes Bild!

Mein Haustier

In diesem Kapitel beschäftigen wir uns mit den Tierkindern, die Du wahrscheinlich am besten kennst und vielleicht sogar beobachten kannst, weil sie mit Dir zusammen in einer Wohnung leben.

Ein kleines Kätzchen

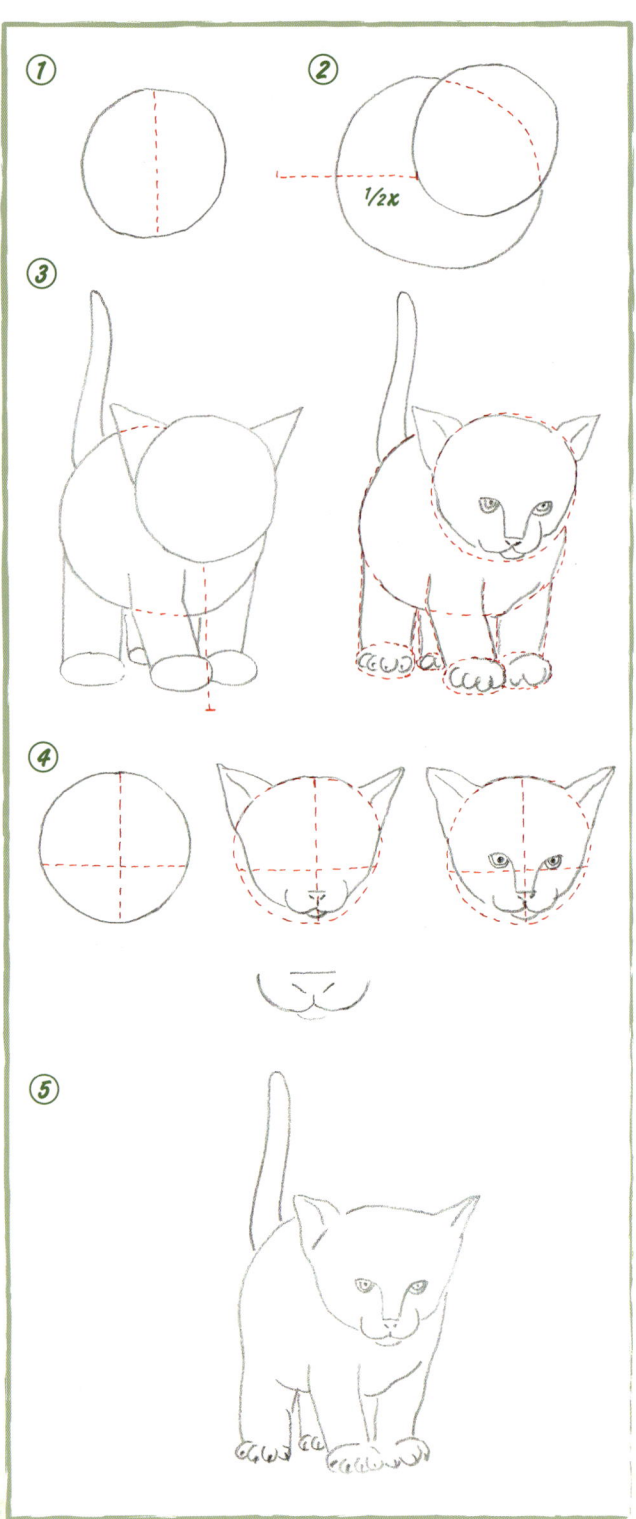

① Den Anfang kennst Du jetzt schon. Die Grundform für den Kopf ist ein **Kreis**.

② Das Kätzchen kommt auf Dich zu, deshalb wird ein großer Teil des Körpers vom Kopf verdeckt. Die rote gestrichelte Linie zeigt, wie lang dieses Oval, vom Kopf aus gemessen, ist.

③ An den Kopf werden zwei kleine **Dreiecke** für die Ohren gezeichnet.
Weil das Kätzchen noch klein ist, sind die Beine ziemlich kurz, nämlich etwas kürzer als das Kopfmaß.
Für die Tatzen werden kleine **Ovale** hinzugefügt. Und für den Schwanz brauchst Du sicher keine Grundform! Jetzt kann man schon gut erkennen, wie die kleine Katze aussehen wird.

④ In drei Schritten zeichnen wir nun das Gesicht des Kätzchens.
a) Zuerst wird der Kreis mit einem Hilfslinienkreuz geteilt. Die senkrechte Linie verläuft durch die Mitte, die waagerechte Linie liegt sehr weit unten.
b) Nun entsteht die richtige Kopfform. Die Ohren werden runder gezeichnet. Damit Du das Maul und die Nase besser erkennen kannst, habe ich diesen Bildausschnitt vergrößert.
c) Auf die waagerechte Linie setzt Du die Augen und verbindest sie mit zwei gebogenen Linien mit der Nase.

⑤ Nachdem alle Hilfslinien wegradiert wurden, sieht die fertige Vorzeichnung so aus.

Das Fell des Kätzchens ist flauschiger als z.B. beim Pferd, deshalb ist die Richtung wichtig, in die Du mit den Buntstiften malst. Diese Zeichnung soll Dir helfen, die richtige Strichrichtung zu finden.

Und das sind die Farben, die ich benutzt habe:

Rosa   Hellblau   Hellgrün   Rotbraun   Schwarz

Beginne mit Schwarz und male alle dunklen Bereiche. Arbeite mit kurzen Strichen in Wuchsrichtung des Fells. Zwischen diesen Strichen darf das Papier hindurch schimmern, denn dann entsteht der Eindruck von kurzen Haaren. Die dunkelsten Stellen an den Ohren, unter dem Bauch und am Schwanz betonst Du mit viel Druck auf den Buntstift.

Auch die Augen sind schwarz. Achte hier auf die weißen Lichtpunkte!

Mit Hellrosa werden dann das Innere der Ohren und die kleine Nase getönt.

Mit Rotbraun malst Du das Fell weiter. Einige Bereiche bleiben dabei weiß. Meine Katze hat hellblaue Augen. Auch die Schatten am Maul und an den Pfoten sind hellblau.

Zum Schluss werden die Schnurrbarthaare mit dem schwarzen Buntstift gezogen.

Weil das Kätzchen im Gras steht, malst Du noch die Grashalme mit Hellgrün.

Ein Kätzchen auf einer Blumenwiese

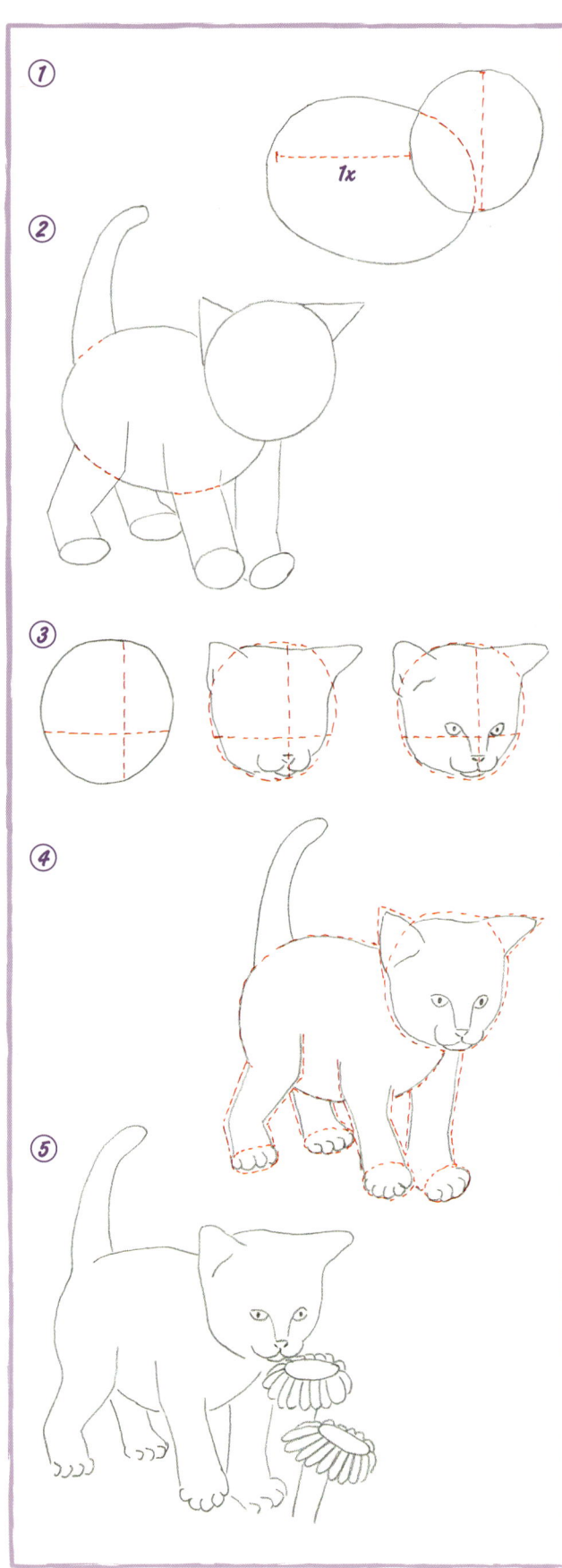

① Auch bei diesem Kätzchen ist die Grundform des Kopfes ein **Kreis**. Da Du es aber von der Seite siehst, ist das **Oval** des Körpers länger als beim ersten Kätzchen. Vom Kopf aus gemessen, passt das Kopfmaß einmal hinein.

② Dann zeichnest Du die Beine, den Schwanz und die **Dreiecke** für die Ohren.
Die Länge der Beine kannst Du selbst mit Hilfe des Kopfmaßes herausfinden.

③ Wie das Gesicht des Kätzchens gezeichnet wird, zeige ich Dir in drei Schritten:
a) Der Kopf ist ein wenig nach rechts gedreht – also ist das Hilfslinienkreuz etwas nach rechts verschoben. Die waagerechte Linie liegt sehr weit unten.
b) Jetzt wird die richtige Kopfform in den Kreis gezeichnet.
c) Zum Schluss setzt Du die Augen auf die waagerechte Linie und verbindest sie mit zwei gebogenen Linien mit der Nase.

④ Und so wird das Kätzchen in die roten Hilfslinien gezeichnet:

⑤ Die Vorzeichnung ist fertig. Ich habe noch zwei Blumen dazu gemalt. Das Kätzchen findet sie sehr interessant.

Du brauchst nicht viele Farben, um dieses Katzenkind bunt zu malen:

Rosa   Hellblau   Schwarz

Für die Blumen und das Gras sind diese Farben gut geeignet:

Hellgelb   Dunkelorange   Lila   Hellgrün   Dunkelgrün

Die Richtung, in die das Fell des Kätzchens wächst, siehst Du in dieser Zeichnung. So sollten auch Deine Zeichenstriche verlaufen.

Beginne mit dem schwarzen Buntstift. Male mit kurzen Strichen, durch die das weiße Papier hindurch schimmern darf. Die weißen Fellflächen bekommen stellenweise eine hellblaue Tönung.

Hellblau sind auch die Augen, hellrosa das Innere der Ohren, die kleine Nase und das Mäulchen.

Mit Hellgrün wird die Wiese grundiert. Dunkelgrün brauchen wir für die einzelnen Grashalme. Die Blumen sind hellgelb und lila. Mit Dunkelorange habe ich in die Blütenmitte etwas Schatten gemalt.

Nun ist auch das zweite Kätzchen fertig. Das war nicht schwierig, oder?

Ein Hundebaby

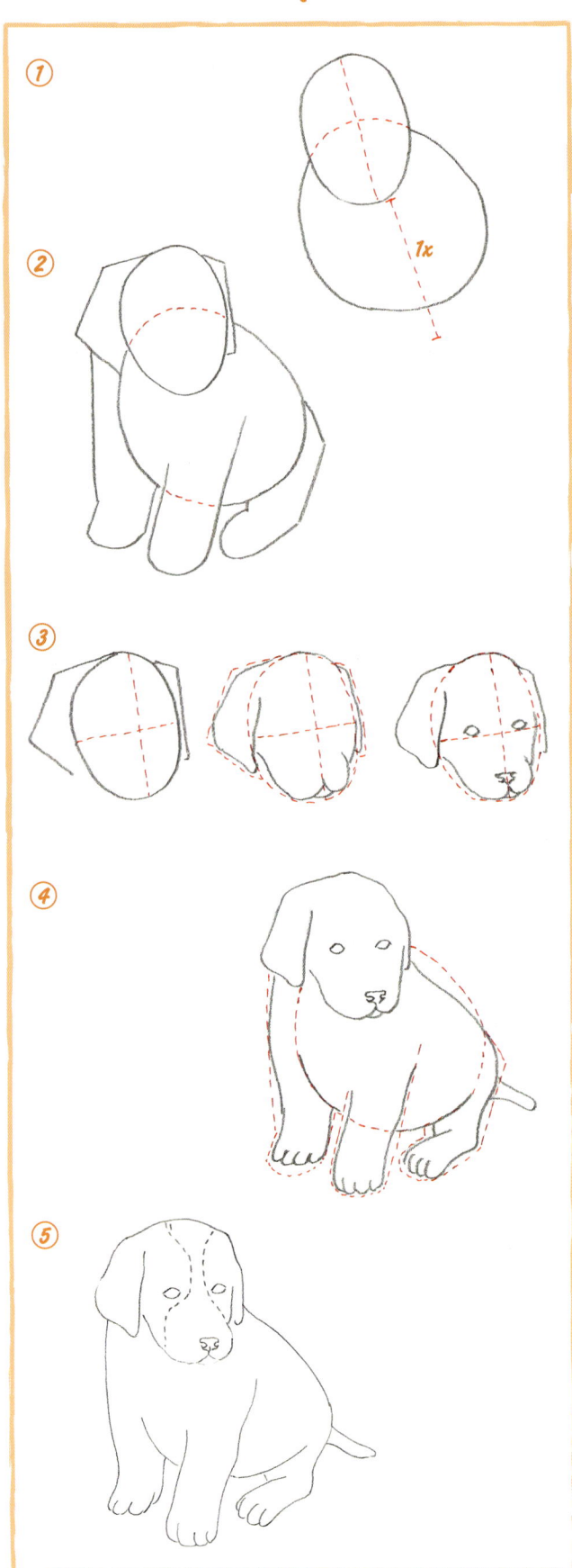

Auf den letzten Seiten haben wir uns sehr ausführlich mit Katzenkindern beschäftigt. Deshalb wird es jetzt Zeit, dass wir uns den kleinen Hunden zuwenden.

①　Ein etwas schräg stehendes **Oval** ist die Grundform für den Kopf. Die Grundform des Körpers ist ein dickes **Oval**, das zum Teil vom Kopf verdeckt wird. Von dort aus gemessen ist es etwas kürzer als ein Kopfmaß.

②　Mit einfachen geraden Linien zeichnest Du jetzt die Ohren und die Beine. Um die Länge der Beine herauszufinden, kannst Du wieder das Kopfmaß zu Hilfe nehmen.

③　In drei Schritten entsteht das Gesicht. Der kleine Hund sieht nach rechts und hält den Kopf etwas geneigt, deshalb liegt die senkrechte Linie des Hilfskreuzes in der rechten Ovalhälfte und das ganze Kreuz ist leicht gekippt. Die Nase und das Maul zeige ich Dir hier in einer Vergrößerung.

④　In die roten Hilfslinien zeichnest Du jetzt die runden Linien des Hundebabys.
Nun ist es nicht mehr schwierig, das Hundebaby in die roten Hilfslinien zu zeichnen. Sieh Dir das Bild an, dann erkennst Du, dass alle Linien runder gezeichnet werden müssen.

⑤　So sieht die fertige Vorzeichnung aus.

Mit diesen Farben habe ich das Hundebaby bunt gemalt:

Dunkelgelb　　Dunkelblau　　Rotbraun　　Schwarz

Die Linien zeigen Dir, in welche Richtung das Fell gewachsen ist.

Das dunkle Fell malst Du mit Schwarz. Arbeite mit kurzen Strichen in Wuchsrichtung des Fells, wobei das Papier hindurch schimmern darf. Auch die Augen und die Nase sind schwarz.
Anschließend tönst Du mit Dunkelgelb den Rest des Fells – bis auf die weißen Bereiche.

Übermale das Dunkelgelb stellenweise mit Rotbraun und die schwarzen Bereiche mit Dunkelblau.
Dunkelblau brauchst Du auch für das weiße Fell und für die Pfoten, um mit einigen wenigen Linien Schatten anzudeuten.

Das erste Hundekind ist fertig!

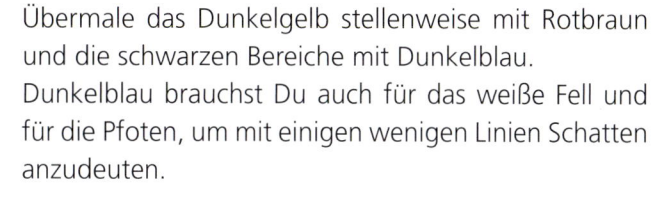

Ein spielender Welpe

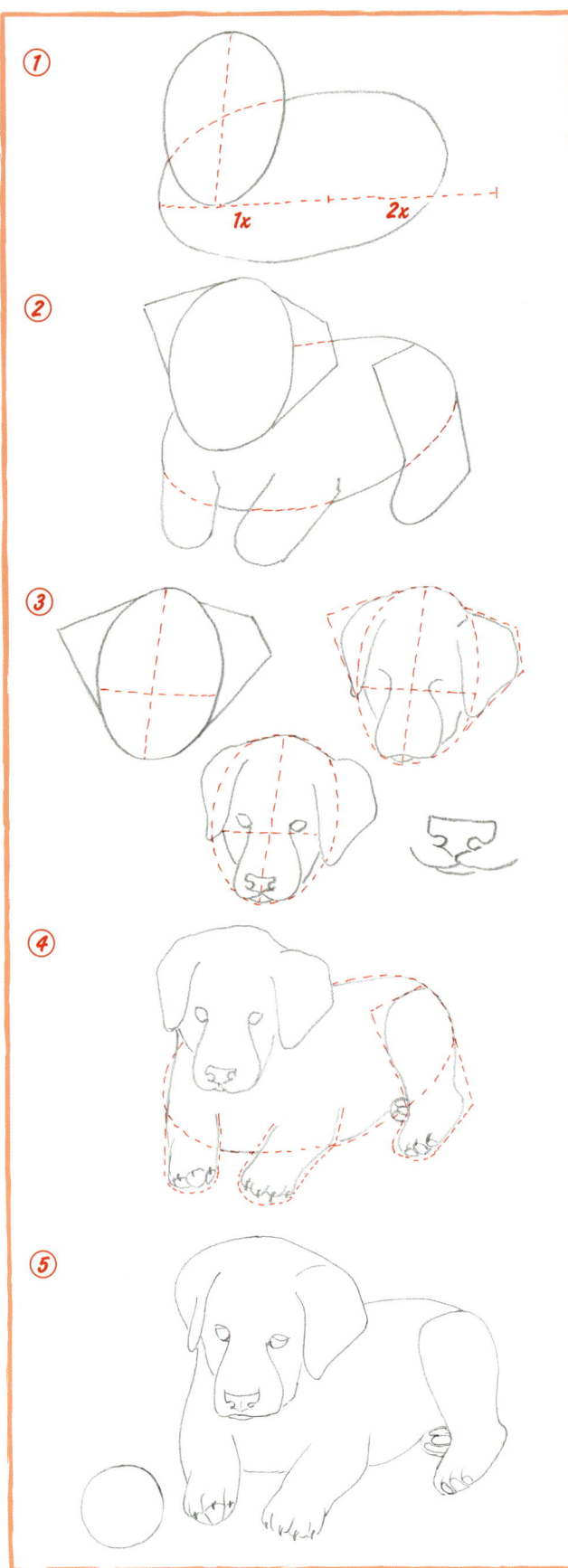

Wir zeichnen noch ein Hundebaby. Aber in diesem Bild sitzt der kleine Hund nicht, sondern er liegt und schaut seinen roten Ball an.

①	Wie schon beim ersten Hundekind ist die Grundform für den Kopf ein **Oval**. Es wird fast senkrecht gezeichnet. Daran setzt Du ein waagerechtes **Oval** für den Körper, in das der Kopf ungefähr 1 ½ Mal hineinpasst. Wie breit das Oval ist, kannst Du mit Hilfe des Kopfmaßes selbst herausfinden.

②	Mit einfachen Linien werden die Beine und die Ohren gezeichnet. Jetzt kann man schon erkennen, wie der kleine Hund aussehen wird.

③	Wie das Gesicht gezeichnet wird, zeige ich Dir in drei Schritten:
a) Die Querlinie des Hilfskreuzes liegt etwas unterhalb der Mitte des Ovals. Weil der Kopf leicht geneigt ist, ist auch das Kreuz etwas gekippt.
b) Anschließend entstehen die runden Linien für die Ohren und die Kopfform. Die Nase sieht aus wie zwei aneinander gesetzte Fragezeichen. Sieh genau hin, dann erkennst Du, wo die neuen Linien innerhalb der roten Hilfslinien verlaufen.
c) Die Augen werden auf die Querlinie gesetzt. Die Nase und das Maul zeige ich Dir noch einmal in einer Vergrößerung.

④	Der Kopf ist fertig. Jetzt müssen die Beine runder gezeichnet und die Zehen an den Tatzen eingezeichnet werden. Eine der Pfoten sieht man von unten, so dass Du hier auch die Fußballen zeichnen musst.

⑤	Das ist die fertige Vorzeichnung, nachdem alle Hilfslinien wegradiert wurden. Jetzt siehst Du auch, was der kleine Hund so gespannt anschaut!

Mit diesen Farben malen wir den kleinen Hund bunt:

Dunkelgelb

Hellrot

Dunkelrot

Hellblau

Rotbraun

Dunkelbraun

Schwarz

Der kleine Welpe hat wei-
ßes flauschiges Fell. In der
Zeichnung siehst Du, in
welche Richtung Deine
Striche verlaufen müssen.

Die Augen, die Nase, das Maul und die Pfoten werden
schwarz gemalt. Die unterschiedliche Tönung der Nase
entsteht, wenn Du mehr oder weniger Druck auf den
Buntstift ausübst. Da der kleine Hund nach unten sieht,
sind die Augenlider sichtbar (die hellen Bögen am oberen Augenrand) und verdecken einen Teil der Augen.
Die Schattenbereiche des Fells werden zunächst mit
Hellblau und Dunkelgelb gearbeitet. Setze die Farben
sparsam ein, denn eigentlich ist das Fell weiß!

Das Hundebaby ist fast fertig. Überarbeite nun noch die
dunkelgelben Farbflächen mit Rotbraun, die hellblauen
Bereiche mit Dunkelbraun.

Zwei Hundebabys auf einer Blumenwiese

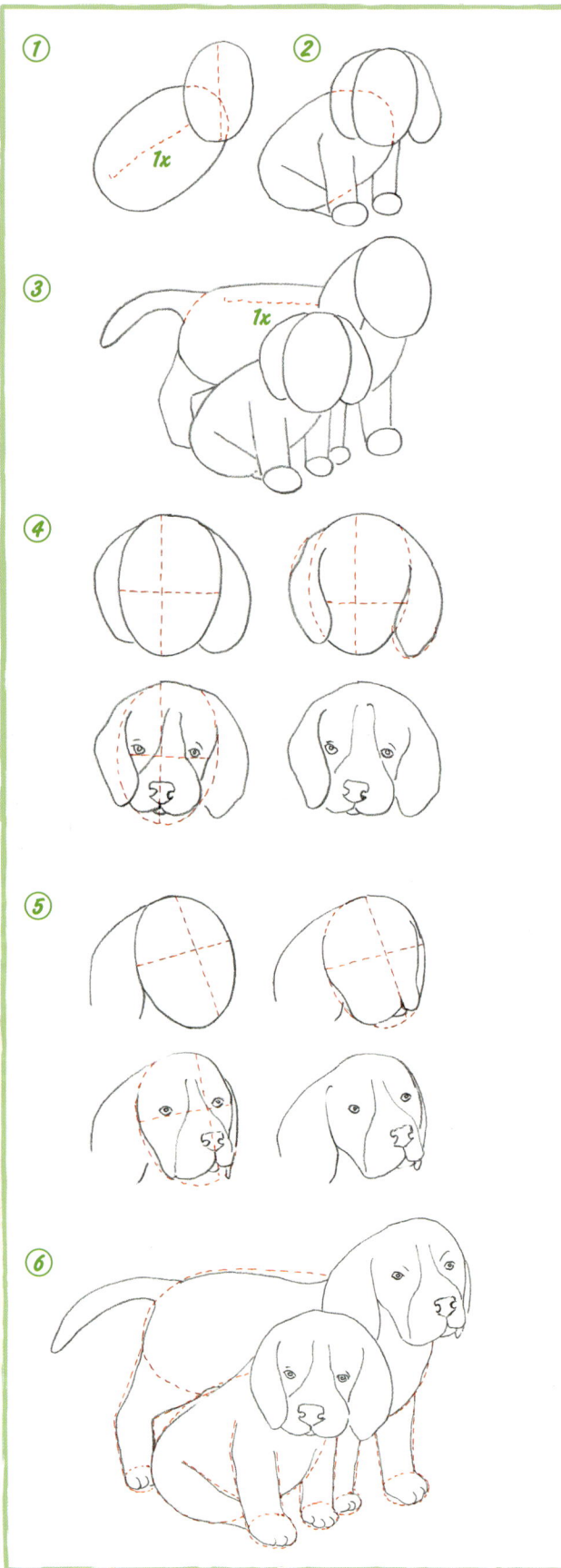

Wir beginnen unser Bild mit dem sitzenden Hund, weil es dann leichter ist, den dahinter stehenden zu zeichnen.

① Die Grundform für den Kopf ist ein aufrecht stehendes **Oval**. Daran wird ein schräg stehendes **Oval** für den Körper gezeichnet. Vom Kopf aus ist es etwas länger als ein Kopfmaß. Die beiden Ovale überschneiden sich.

② Mit einfachen Linien werden die Ohren und die Beine gezeichnet. Die Pfoten werden als kleine **Ovale** an die Beine angesetzt.

③ Hinter diesen sitzenden Hund zeichnen wir jetzt den zweiten. Wieder beginnen wir mit dem Kopf. Die Köpfe der beiden Hunde sind gleich groß, also können wir das Kopfmaß übernehmen. Vom Ohr aus ist der Körper etwas länger als ein Kopfmaß. Nun bekommt das zweite Hundekind noch Beine und einen langen Schwanz.

④ Beim Gesicht beginnen wir wieder mit dem sitzenden Hundekind und zeichnen ein Hilfskreuz in das Oval. Die Querlinie liegt etwas unterhalb der Mitte.
Dann zeichnest Du die Ohren. Zum Schluss wird das Gesicht in das Oval gezeichnet.

⑤ Das Gesicht des zweiten Hundekindes wird so ähnlich gezeichnet, wie Du in den Schrittbildern siehst.

⑥ Zum Schluss werden die Körper der beiden kleinen Welpen in die rot gestrichelten Hilfslinien gezeichnet.

⑦ Das ist die Vorzeichnung, nachdem alle Hilfslinien wegradiert wurden.

Noch süßer werden die beiden, wenn Du sie bunt ausmalst. Diese Farben sind gut geeignet:

  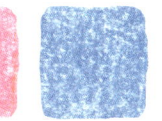  

Dunkelgelb   Rosa   Hellblau   Dunkelblau   Rotbraun

Dunkelbraun   Schwarz

Da diese beiden kleinen Hunde glattes, kurzes Fell haben, solltest Du flächig arbeiten.

Zunächst legen wir die Grundfarben fest: Das Fell ist schwarz, rötlich-gelb und weiß. Male zuerst in Dunkelgelb die Gesichter und die Ohren. Mit Schwarz tönst Du anschließend den Rücken, einen Teil der Beine, die Nase und die Augen. Achte hier besonders auf die weißen Lichtpunkte!

Die Schatten in den weißen Flächen werden mit Dunkelbraun und etwas Dunkelgelb nur ganz leicht gefärbt, indem man den Buntstift nur zart über das Papier führt. Abschließend tönst Du den Bereich unter den Nasen mit Rosa und etwas Dunkelbraun.

Im letzten Schritt wird das Fell weiter ausgearbeitet. Mit Rotbraun übermalst Du zunächst große Teile der dunkelgelben Grundierung. Drücke nicht zu fest auf den Buntstift, damit sich die beiden Farben zu einem leuchtenden Rotbraun mischen. Die Schatten in den Gesichtern und an den Ohren entstehen mit Dunkelbraun.

Das schwarze Fell wird mit Dunkelblau und Rotbraun übermalt. Die Schatten auf den weißen Flächen werden mit Rotbraun und Hellblau vorsichtig dunkler getönt. Die beiden Hundekinder sind jetzt fertig!

Ich habe noch eine Blumenwiese dazu gemalt. Gefällt sie Dir? Dann brauchst Du noch folgende Farben:

Hellgrün   Dunkelgrün   Hellgelb   Dunkelgelb   Hellrot

Dunkelrot   Hellblau   Dunkelblau

Zeichne zuerst die Blumen: Grundiere die Blütenblätter mit der hellen Farbe – Rot oder Blau – und male dann die Schatten mit dem dunklen Farbton. Das Innere der Blüte ist hellgelb, das mit Dunkelgelb teilweise übermalt wird.

Zum Schluss entsteht die Wiese. Über eine hellgrüne Fläche malst Du mit Dunkelgrün die einzelnen Grashalme.

Drei freche Hundewelpen

Diese neugierigen Hundekinder schauen hinter einem Holzbrett hervor – vielleicht sitzen sie in einer Kiste?

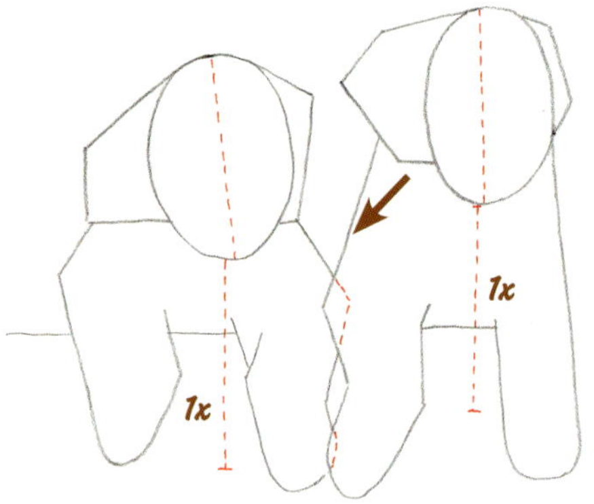

① Zuerst zeichnen wir das Hundekind ganz links. Wie immer beginnen wir mit dem **Oval** für den Kopf. Von dem Körper sehen wir nicht viel, nur die dicken Vorderpfoten, die über das Holzbrett hängen.
Das zweite Hundebaby beginnst Du nicht mit dem Kopf, sondern mit dem Körper. Zuerst zeichnest Du die Linie, auf die der Pfeil zeigt. Sie ist genauso lang wie der Kopf. Dann zeichnest Du den restlichen Körper und den Kopf.

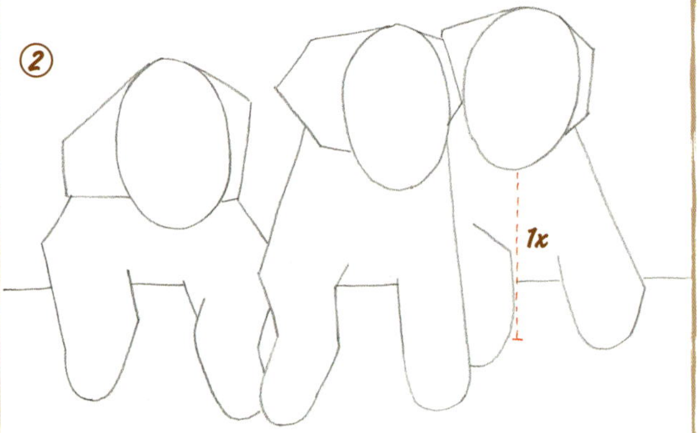

② Jetzt entsteht das dritte Hundekind. Es kuschelt sich etwas näher an das zweite. Das ist jetzt sicher nicht mehr so schwierig. Die Köpfe aller drei Hundebabys sind übrigens fast gleich groß.

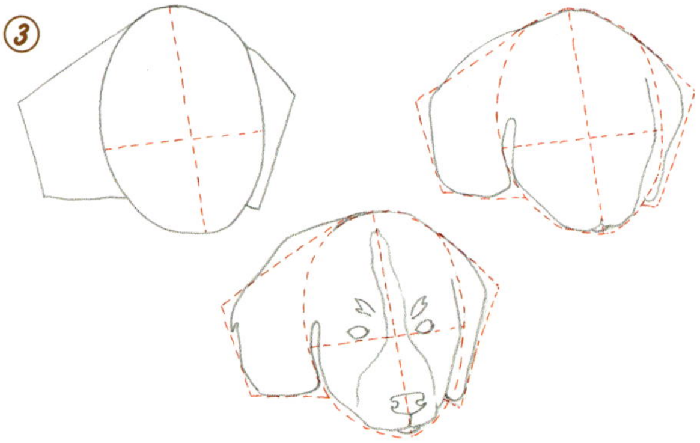

③ Die Gesichter sind bei allen drei Hundebabys ähnlich:
a) Wie immer zeichnest Du in das Oval ein Kreuz.
b) Nun entstehen die runden Linien für die Ohren und die richtige Kopfform.
c) Auf die waagerechte Linie, die etwas unterhalb der Mitte des Ovals liegt, zeichnest Du die Augen, darunter die Nase.

④ Nun werden die Pfoten in die Hilfslinien gezeichnet, wobei die Zehen mit kleinen, leicht gebogenen Linien angedeutet werden. Dann kommen noch einige Linien dazu. Sie grenzen die Bereiche ab, die später bei der farbigen Ausarbeitung weiß bleiben sollen. Die Vorzeichnung ist fertig!

Am Beispiel des linken kleinen Hundes zeige ich Dir, in welche Richtung das Fell gewachsen ist. In diese Richtung sollten auch Deine Striche verlaufen.

Mit diesen Farben habe ich die kleinen Hunde bunt gemalt:

Dunkelgelb

Rosa

Dunkelblau

Rotbraun

Dunkelbraun

Schwarz

Mit Schwarz und Dunkelgelb wird das Fell grundiert. Für die Augen und die Nasen brauchst Du ebenfalls Schwarz, die Zungen sind hellrosa.

Die drei kleinen Hunde sind fast fertig. Das Fell muss nur noch etwas mehr Farbe bekommen. Dafür übermalst Du die dunkelgelben Bereiche des Fells teilweise mit Rotbraun. Das schwarze Fell bekommt eine dunkelblaue Übermalung. Auf der weißen Brust sind dunkelblaue Schatten; unter den Nasen und rund um die Mäuler sind sie dunkelbraun.

Nun fehlt nur noch das Holzbrett, das mit Dunkelbraun, Rotbraun und etwas Schwarz gemalt wird.

Im Wald

Die ersten beiden Tierkinder, die uns im Wald begegnen, sind zwei kleine Häschen. Sie kuscheln sich aneinander und verstecken sich im Gras. Aber ich habe sie trotzdem gefunden und gezeichnet.

Zwei Häschen

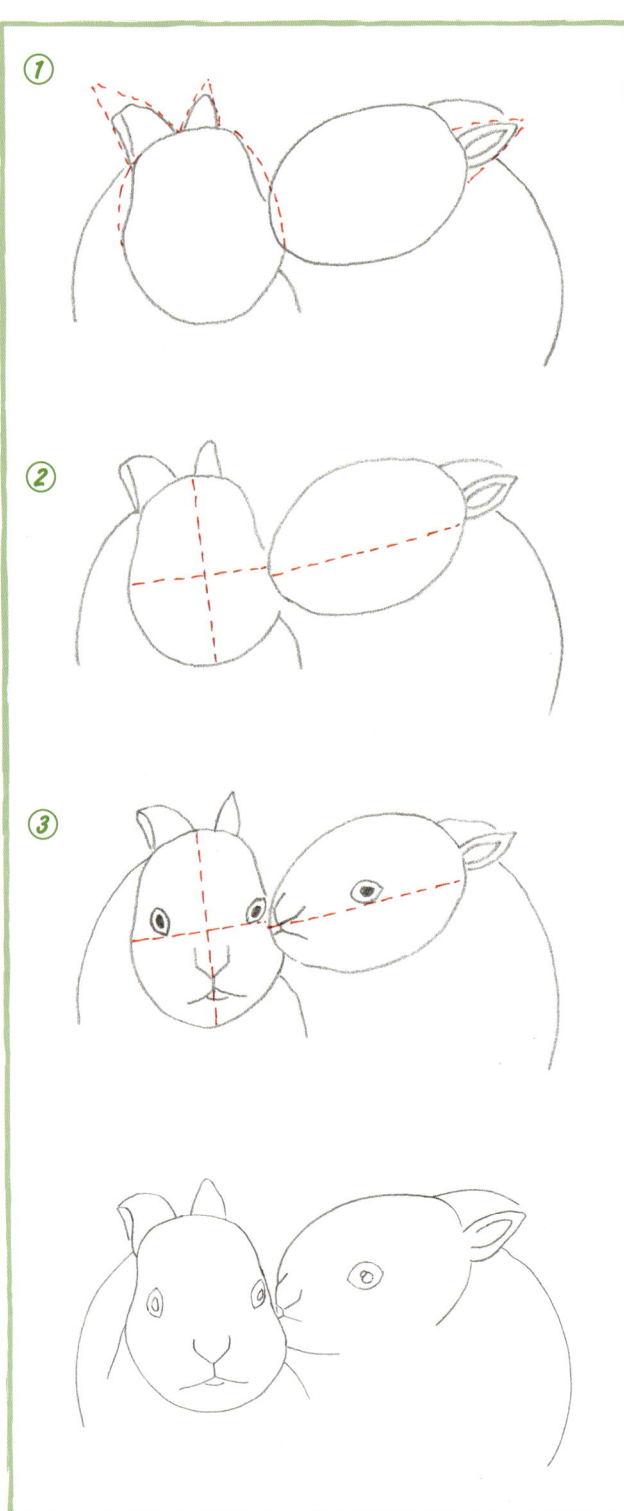

① Wir beginnen mit einem senkrechten **Oval** für den Kopf des linken Häschens. Daran setzt Du ein zweites, fast waagerechtes **Oval** für den Kopf des rechten Häschens. Weil sie so dicht beisammen sitzen, überschneiden sich die Köpfe ein wenig. Gebogene Linien deuten die Körper an. Die Grundform für die Ohren sind kleine **Dreiecke**. Da hinein werden die Ohren etwas abgerundet gezeichnet.

② Um die Augen und Näschen der Hasenkinder richtig platzieren zu können, zeichnen wir uns wieder rote gestrichelte Hilfslinien-Kreuze ein. Sie sind nicht ganz senkrecht bzw. waagerecht, weil die Häschen die Köpfe etwas schräg halten!

③ Auf die Hilfslinien zeichnest Du nun die Augen und Näschen. Das rechte Häschen scheint am linken zu schnuppern!

Nun kannst Du die Häschen bunt malen. Das sind die Farben, die ich benutzt habe:

Hellgrau

Dunkelgrau

Dunkelgelb

Hellbraun

Rotbraun

Hellgrün

Dunkelgrün

Schwarz

Das Fell der kleinen Häschen ist kurz und sehr weich, deshalb ist die Strichrichtung wichtig. Durch sie wird auch deutlich, wo die Köpfe aufhören und die Körper beginnen.

④ Mit Hellgrau arbeitest Du mit kurzen Strichen in die Richtung, in die das Fell gewachsen ist. Zwischen den einzelnen Strichen darf das Papier hindurch schimmern. Die Nase und das Maul sind schwarz. Das Innere der Augen ist hellbraun, die Pupille und die Ränder sind schwarz. Achte auf den weißen Lichtpunkt!

⑤ Rotbraun ist die Farbe für die Nasen, Dunkelgelb für die Bereiche rund um die Augen und die Mäuler und an den Rändern der Ohren.

⑥ Das Fell wird weiter ausgearbeitet: mit Dunkelgelb, Dunkelgrau, Rotbraun und Schwarz. Auch jetzt muss wieder in Wuchsrichtung des Fells gearbeitet werden!

Das ist das fertige Bild. Die Häschen sitzen auf einer grünen Wiese. Das Gras habe ich zuerst mit Hellgrün gemalt. Die Schatten sind mit Dunkelgrün entstanden.

Fuchswelpen

In einem Wald leben auch Füchse. Man sieht sie selten, vor allem, wenn sie Kinder haben. Aber manchmal hat man Glück. Hier siehst Du drei süße Fuchskinder!

① Der **erste kleine Fuchs** steht, und Du siehst ihn von der Seite. Das **Oval** für den Kopf muss ziemlich schräg gezeichnet werden. Daran setzt Du ein waagerechtes **Rechteck** für den Körper. Es ist ungefähr 1 ½ Mal so lang wie der Kopf. Die beiden Grundformen berühren sich nur an einem Punkt.
Das Oval und das Rechteck werden durch zwei Linien miteinander verbunden – das ist der Hals. Die Länge der Beine bestimmst Du mit Hilfe des Kopfmaßes.

② Und so wird der kleine Fuchs in die roten Hilfslinien gezeichnet. Schau genau hin, wo die Zeichnung die Hilfslinien berührt und wo sie sie verlässt.

③ Nachdem alle Hilfslinien wegradiert wurden, sieht die Vorzeichnung so aus.

① Das zweite Fuchskind siehst Du auch von der Seite, aber es sitzt. Für den Kopf zeichnest Du ein Oval. Damit auch die kleine Schnauze hineinpasst, ist es etwas gekippt. An das Oval für den Kopf zeichnest Du ein schräg nach unten geneigtes **Rechteck**. Es überschneidet sich etwas mit dem Oval und ist von dort aus etwa zweimal das Kopfmaß. Nun entstehen die Beine. Die Vorderbeine sind etwas länger als das Kopfmaß. Für die Ohren zeichnest Du zwei kleine **Dreiecke** an den Kopf.

② In die roten Hilfslinien zeichnest Du jetzt den kleinen Fuchs. Der buschige Schwanz ragt hinten über das Rechteck hinaus und verdeckt einen Teil des Hinterfußes.

③ Wenn die Hilfslinien wegradiert sind, könnte Deine Vorzeichnung vom zweiten kleinen Fuchs so aussehen.

① Nun ist das dritte Fuchskind an der Reihe. Es steht zwar seitlich, schaut Dich aber gerade an. Zeichne für den rundlichen Kopf einen **Kreis** als Grundform.
An den Kopf zeichnest Du nun ein waagerechtes **Oval**, das etwa 1 ½ Mal so lang ist wie der Kopf.
Jetzt werden die Beine an das Oval gezeichnet. Ihre Länge bestimmst Du mit dem Kopfmaß.

② Um Nase und Augen richtig anordnen zu können, zeichnest Du Dir wieder ein Kreuz aus Hilfslinien. Die waagerechte Linie liegt etwas unter der Hälfte des Kreises. Für die Ohren werden ein Dreieck und eine Raute an den Kopf gezeichnet.

③ Nun zeichnest Du die Augen und die kleine Schnauze ein. Auch die Ohren werden in das Dreieck bzw. die kleine Raute gezeichnet.

④ Innerhalb der rot gestrichelten Hilfslinien werden jetzt die Körperformen etwas runder ausgearbeitet.

⑤ Wenn Du alle Hilfslinien wegradiert hast, könnte Deine Vorzeichnung so aussehen.

Du möchtest die kleinen Füchse sicher bunt malen.
Bevor ich Dir die Farben nenne,
die ich benutzt habe, zeige
ich Dir die Richtung,
in die das Fell
gewachsen ist:

Das sind die Farben, mit denen ich die kleinen Füchse bunt gemalt habe:

Dunkelgelb   Dunkelorange   Rotbraun   Dunkelbraun   Schwarz

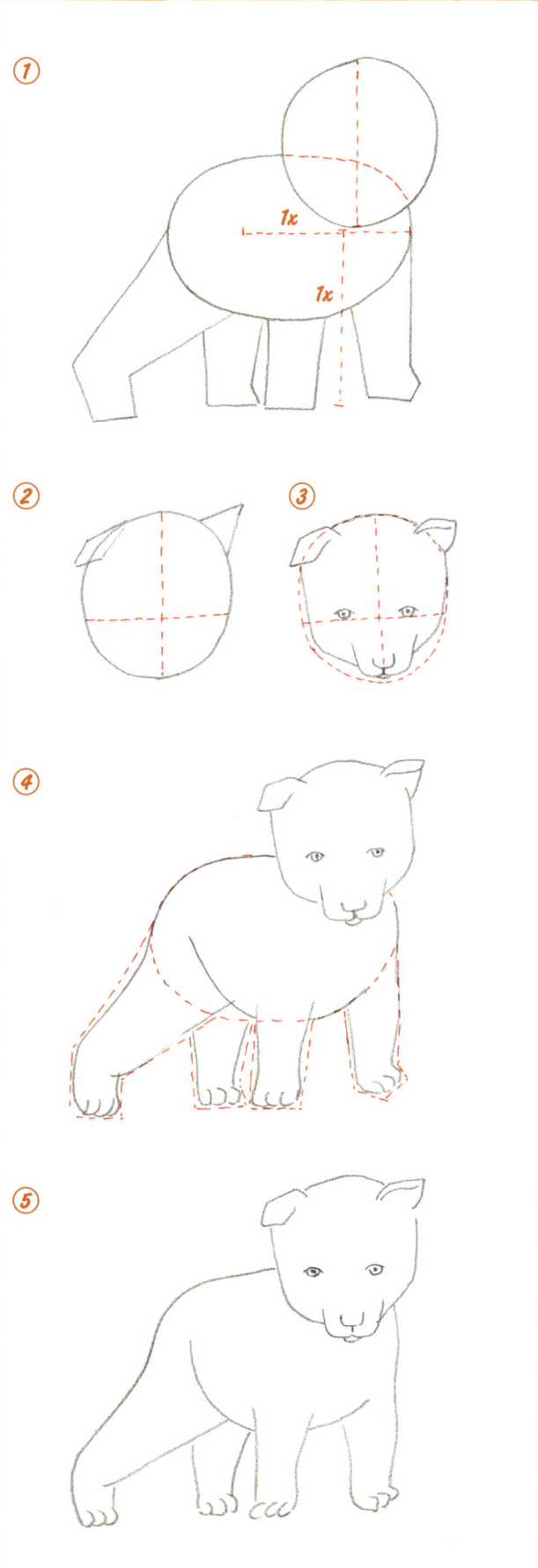

Das Fell wird in drei Schichten erarbeitet. Ich zeige es Dir am Beispiel des sitzenden Fuchskindes.

① Das Fell wird mit kurzen Strichen rotbraun grundiert. Das Papier soll hindurch schimmern. Für das Innere der Ohren, der Bereich auf der Nase, ein Teil des Schwanzes und oben auf dem Rücken nimmst Du Dunkelgelb. Die Nase, das Auge und das Äußere der Ohren werden schwarz getönt.

② Nun übermalst Du die rotbraune Grundierung mit Dunkelorange. Dadurch erhält das Fell seine typische rotbraune Fuchsfarbe. Dunkelbraun brauchst Du für die Schatten im Fell und im Gesicht. Auch die Pfoten werden mit Dunkelbraun gemalt.

Das ist das Fuchskind, wenn es fertig ist. Es fehlen nur noch die dunkelsten Schatten. Sie entstehen mit Schwarz.

Die beiden anderen kleinen Füchse kannst Du jetzt allein!

Ein Rehkitz in einer Blumenwiese

Dieses Rehkitz steht in einer Blumenwiese. Wie klein es tatsächlich ist, kannst Du an der Größe der Mohnblumen erkennen. Ihre Blüten sind fast so groß wie der Kopf des Kitzes. Es ist wirklich noch ein Baby!

① Wie bei allen unseren Tieren fangen wir wieder mit der Grundform für den Kopf an: Sie ist ein **Oval**. Daran zeichnest Du ein **Rechteck** für den Körper, in das der Kopf fast dreimal hineinpasst.
Sieh mal, wie lang die staksigen Beine gezeichnet werden müssen! Vom Körper aus gemessen passt der Kopf fast zweimal in die Länge der Beine.

② In die roten Hilfslinien zeichnest Du jetzt das Kitz. Achte besonders darauf, wo die neuen Linien die Hilfslinien berühren und wo sie diese verlassen.

③ Das ist die fertige Vorzeichnung. Nun steht das Kitz in einer Blumenwiese.
Die einzelnen Blüten habe ich noch nicht gezeichnet. Das mache ich später mit den Buntstiften. Die Kreise und Ovale, die Du in dem Bild siehst, sind die Grundformen für die Blüten.

Und so wird die richtige Blütenform in die Grundformen gezeichnet:

Mit diesen Farben habe ich das Rehkitz bunt gemalt:

Dunkelgelb   Rotbraun   Dunkelbraun   Schwarz

Auch hier zeige ich Dir wieder die Richtung, in die das Fell wächst. Denk daran, wenn Du das Kitz bunt malst!

Das Fell grundierst Du mit dem rotbraunen Buntstift. Einige Bereiche bleiben zunächst weiß: Im Gesicht, an den Ohren und den Beinen. Dort wird anschließend Dunkelgelb aufgetragen. Auch die weißen Punkte im Fell lässt Du frei.

Mit Schwarz malst Du die Augen und die Nase. Die weißen Lichtpunkte in den Augen werden ausgespart.
Nun wird das Kitz weiter ausgearbeitet. Mit Dunkelbraun und Schwarz entstehen die dunklen Bereiche. An den Hinterbeinen und dem Bauch ist das Fell etwas länger. Dort musst Du mit dem Buntstift längere Striche ziehen. Oben an der Stirn z. B. sind die Haare kürzer – also sind die Striche hier kürzer.

Mit diesen Farben habe ich die Mohnblüten und die Wiese gemalt:

Dunkelgelb   Lila   Hellrot

Dunkelrot   Hellgrün   Dunkelgrün

① Für die Mohnblüten grundierst Du die Blätter mit Hellrot. Das Innere der Blüten ist dunkelgelb und lila.

② Mit Dunkelrot tönst Du die Blätter dunkler. Damit die Wiese lebendig aussieht, ist es wichtig, dass Du nicht alle Blumen gleich malst, sondern die Formen veränderst.

Hell- und Dunkelgrün brauchen wir für die Wiese. Die weißen Margeriten kannst Du bestimmt allein!

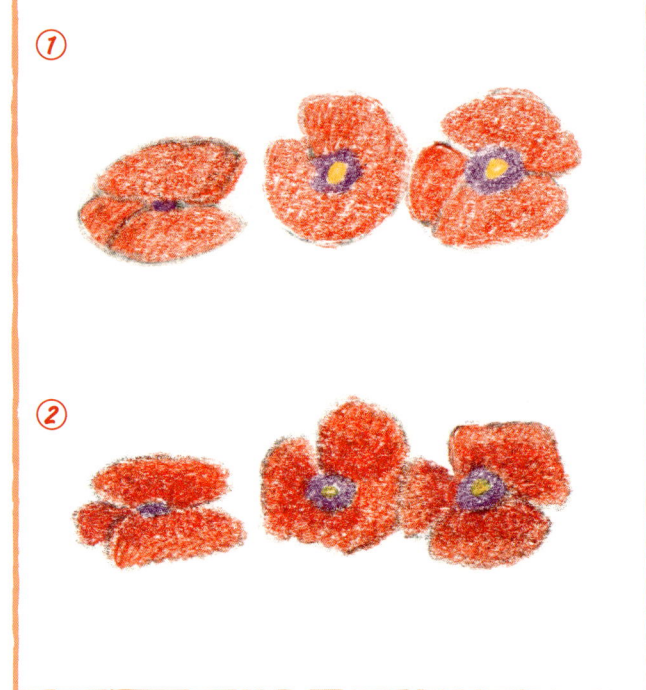

Ein liegendes Rehkitz

Das Rehkitz liegt im hohen Gras. Es versteckt sich – aber ich habe es trotzdem gefunden und gezeichnet! Man sieht nicht viel von ihm, nur seinen Kopf und einen Teil des Rückens.

① Für den Kopf brauchst Du wieder ein **Oval**. Rehkitze haben sehr lange Ohren – mindestens halb so lang wie der Kopf. Dafür werden ein Dreieck und ein schräges Viereck an den Kopf gezeichnet.

② In das Oval zeichnest Du jetzt die richtige Kopfform. Achte darauf, wo die neuen Linien die roten Hilfslinien berühren und wo sie sie verlassen. Für den Rücken des Rehkitzes brauchen wir nur eine gebogene Linie.

③ Die Nase passt in ein **Rechteck**. Darunter zeichnest Du zwei waagerechte gebogene Linien – das ist das Maul. Unter der Nase befinden sich zwei senkrechte Linien.

④ Wenn Dein Rehkitz auch in einer Blumenwiese liegen soll, dann sieht die fertige Vorzeichnung so aus. Da die Blumen und Grashalme den Körper teilweise verdecken, lässt Du diese Stellen beim Malen mit den Buntstiften weiß.

Sicher möchtest Du das Rehkitz bunt malen. Diese Farben sind gut geeignet:

Dunkelgelb   Dunkelorange   Rotbraun   Dunkelbraun   Schwarz

Hier siehst Du die Richtungen, in die Du die Striche für das kurze Fell führen musst:

⑤ Das Fell wird mit Rotbraun grundiert. Die weißen Flecken auf dem Rücken lässt Du frei. Dunkelgelb brauchst Du für die Ohren und den schmalen Streifen am Hals.

⑥ Für eine schöne rotbraune Färbung übermalst Du das gesamte Fell mit Dunkelorange. Die Nase, die Augen, das Maul und das Innere des linken Ohres werden mit Schwarz gefärbt. Achte auf den weißen Lichtpunkt in dem Auge!

Diesen Teil des Kopfes zeige ich Dir in einer Vergrößerung. Die hellen und die dunklen Stellen an der Nase entstehen, wenn Du unterschiedlich fest auf den Buntstift drückst.

Nun wird das Fell mit Dunkelbraun noch weiter ausgearbeitet. Die dunkelsten Schatten sind mit Schwarz entstanden.

Für die Blumen brauchst Du Dunkelblau und Dunkelgelb, für das Gras Hell- und Dunkelgrün.

47

Eine Wildschwein-Mutter mit ihren Frischlingen

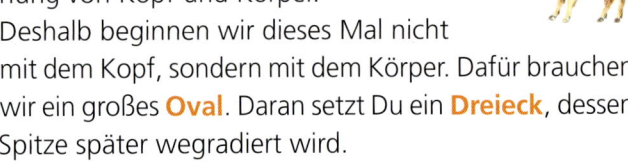

Diese Wildschwein-Mutter habe ich mit ihren Kindern in einem Tierpark entdeckt.

① Bei Schweinen gibt es oft keine klare Trennung von Kopf und Körper. Deshalb beginnen wir dieses Mal nicht mit dem Kopf, sondern mit dem Körper. Dafür brauchen wir ein großes **Oval**. Daran setzt Du ein **Dreieck**, dessen Spitze später wegradiert wird. Die Beine werden unter das Oval gezeichnet. Achte darauf, dass sie oben dicker sind als unten.

② Innerhalb der roten Hilfslinien entsteht jetzt der Körper der Schweinemama. Sieh genau hin, dann erkennst Du, wo die neuen Linien die roten Hilfslinien berühren oder verlassen.

③ Nun fehlen nur noch die Ohren und das kleine Auge – und die Vorzeichnung ist fertig.

Als nächstes sind die drei kleinen Wildschweinkinder, die man auch „Frischlinge" nennt, an der Reihe.

① Das erste Wildschweinkind sehen wir von der Seite. Zeichne also ein schräg stehendes **Oval** für den Kopf. Daran setzt Du ein **Rechteck**, in das der Kopf fast zweimal hineinpasst. Verbinde Kopf und Körper mit einer kleinen Linie, bevor Du die Beine zeichnest. Das kleine Schwänzchen passt in ein **Dreieck**.

② Nun wird die eigentliche Form in die Hilfslinien gezeichnet. Sieh genau hin, wo die neuen Linien die Hilfslinien berühren und wo sie sie verlassen.

③ So sieht die fertige Vorzeichnung aus.

④ Das zweite Schweinchen sehen wir auch von der Seite, aber es reckt den Kopf nach oben. Deshalb muss das **Rechteck** für den Körper schräg gezeichnet werden. Der Kopf passt zweimal hinein.

⑤ Diese Schritte kennst Du inzwischen. Sieh genau hin, dann ist es nicht mehr schwierig, das Schweinchen weiter zu zeichnen.

⑥ Das ist die fertige Vorzeichnung des zweiten Wildschweinkindes, nachdem alle Hilfslinien wegradiert wurden.

⑦ Das letzte kleine Wildschwein sehen wir von hinten. Das **Oval** für den Kopf wird fast senkrecht gezeichnet. Daran setzt Du ein großes **Oval**, in das der Kopf ungefähr 1 ½ Mal hineinpasst.

⑧ Man sieht nur drei Beine, das vierte wird vom Körper verdeckt. Zeichne nun das Ferkelchen in die Hilfslinien.

⑨ Das ist die fertige Vorzeichnung.

Hier habe ich die Mutter mit ihren drei Kindern zusammen gezeichnet.

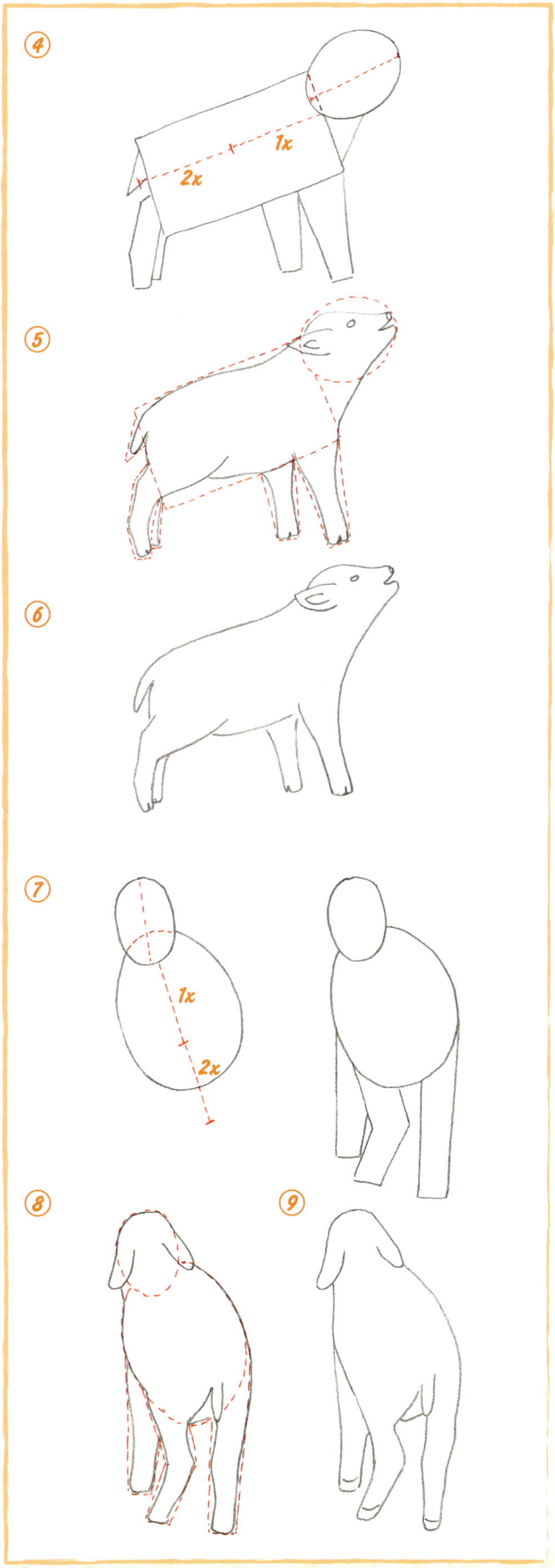

Mit diesen Farben habe ich die kleine Familie bunt gemalt:

Dunkelgelb   Rotbraun   Hellbraun

Dunkelbraun   Hellgrau   Schwarz

① Wildschweine haben ein hartes, struppiges Fell. Die einzelnen Haare heißen bei ihnen auch Borsten. Mit dem dunkelgrauen Buntstift arbeitest Du mit kurzen Strichen in die Wuchsrichtung, nämlich vom Kopf nach hinten und an den Beinen von oben nach unten.

② Die graue Grundierung überarbeitest Du mit Dunkelgelb und Rotbraun.
Die Ohren sind hellbraun, ebenso die Nase.

③ Die Borsten werden nun mit Dunkelbraun und am Bauch mit Schwarz weiter ausgearbeitet.

Auch die Wildschwein-Ferkel werden bunt gemalt. Wir beginnen mit dem Kleinen, das vor dem Kopf seiner Mutter steht.

④ Das Fell von Wildschweinbabys ist noch recht weich. Mit Dunkelgelb grundierst Du das Fell. Die weißen Streifen sparst Du aus – dort bleibt das weiße Papier stehen.

⑤ Übermale die dunkelgelbe Tönung stellenweise mit Rotbraun. Um das Auge herum und für die Nase nimmst Du Dunkelbraun. Auch das Ohr wird mit Dunkelbraun umrandet.
Im letzten Schritt werden die Streifen mit Dunkelbraun weiter ausgearbeitet. Diese Farbe brauchen wir auch für die Schatten an den Beinen.

Das kleine Schweinchen, das Du von hinten siehst, zeige ich Dir wieder in zwei Schritten.

⑥ Die Streifen sind rotbraun.

⑦ Die Räume dazwischen tönst Du mit Dunkelgelb. Mit Dunkelbraun werden die Streifen weiter ausgearbeitet.

Das dritte Schweinchen kannst Du jetzt allein, denn es wird genauso gemalt wie das Erste.

Die kleine Wildschweinfamilie ist fertig. Vielleicht malst Du noch etwas Gras und ein paar Sträucher dazu, damit sich die Wildschweine auch wohl fühlen.

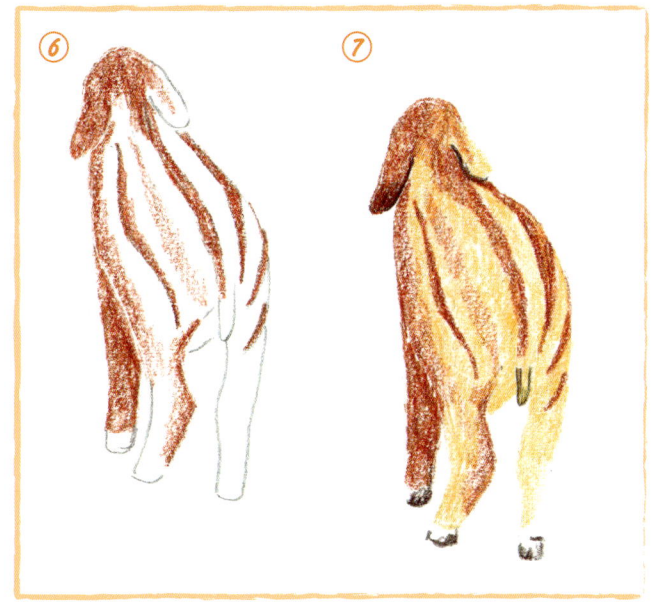

51

Im Zoo

Wir machen einen Besuch im Zoo. Dort gibt es so viele Tierkinder, dass wir gar nicht alle in diesem Buch unterbringen können! Zuerst besuche ich die Tiger. Im Gehege liegt ein Tigerbaby im Gras und schaut mich etwas verträumt an.

Ein Tigerbaby

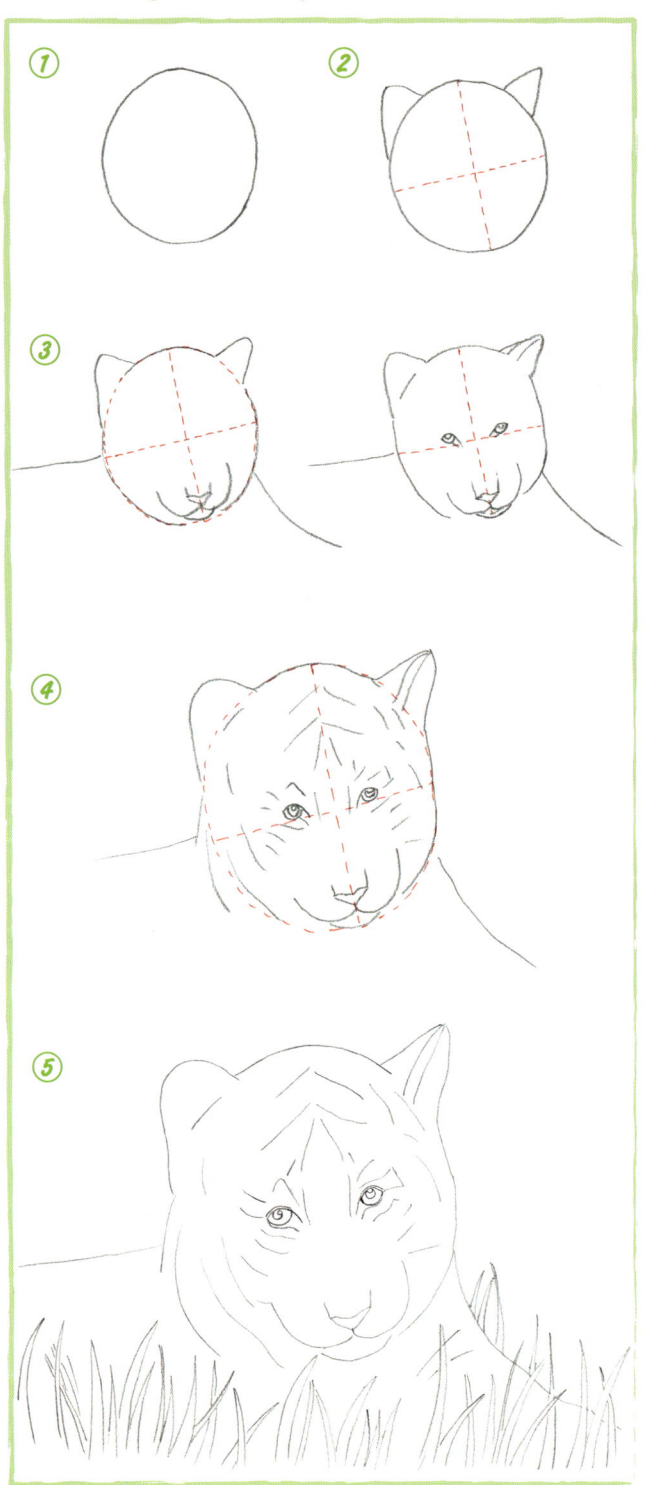

① Die Grundform für den Kopf ist ein **Kreis**. Zeichne ihn ziemlich groß, damit Dein Blatt gut ausgefüllt ist.

② In den Kreis zeichnest Du das Kreuz, das Dir hilft, die Augen, die Nase und das Maul an die richtige Stelle zu setzen. Weil der Kopf geneigt ist, ist auch das Kreuz etwas schräg. Die Ohren sind kleine **Dreiecke**.

③ Hier siehst Du, wie das Gesicht des kleinen Tigers in das Hilfskreuz gezeichnet wird. Im Moment sieht er fast noch aus wie ein kleiner Bär.

④ Jetzt kann man schon erkennen, dass es ein kleiner Tiger werden soll. Die Linien im Gesicht helfen Dir später, die schwarzen Streifen zu malen.

⑤ Nun liegt das Tigerkind im Gras, und die Vorzeichnung ist fertig.

Bestimmt möchtest Du auch den kleinen Tiger bunt malen. Diese Farben brauchst Du dazu:

Hellgelb   Rosa   Hellbraun   Rotbraun   Schwarz

⑥ Zuerst werden die schwarzen Streifen gemalt. Sie haben ausgefranste Ränder, so dass man die einzelnen Fellhaare erahnen kann. Achte auf die Wuchsrichtung des Fells! Schwarz brauchen wir auch für die Augen, Rosa für die Nase.

⑦ Die Räume zwischen den Streifen werden mit Dunkelgelb getönt – aber einige Bereiche bleiben weiß!

Diese dunkelgelben Flächen werden stellenweise mit Rotbraun übermalt und bekommen so einen wärmeren Farbton. Wenn Du so arbeitest, dass man einzelne Striche sehen kann, sieht die Fläche aus wie richtiges Fell! Die Augen sind hellbraun. Achte auf den weißen Lichtpunkt!

Wenn Dein Tigerbaby auch im Gras liegen soll, dann male die einzelnen Grashalme zum Teil über das Fell.

Ein kleiner Braunbär

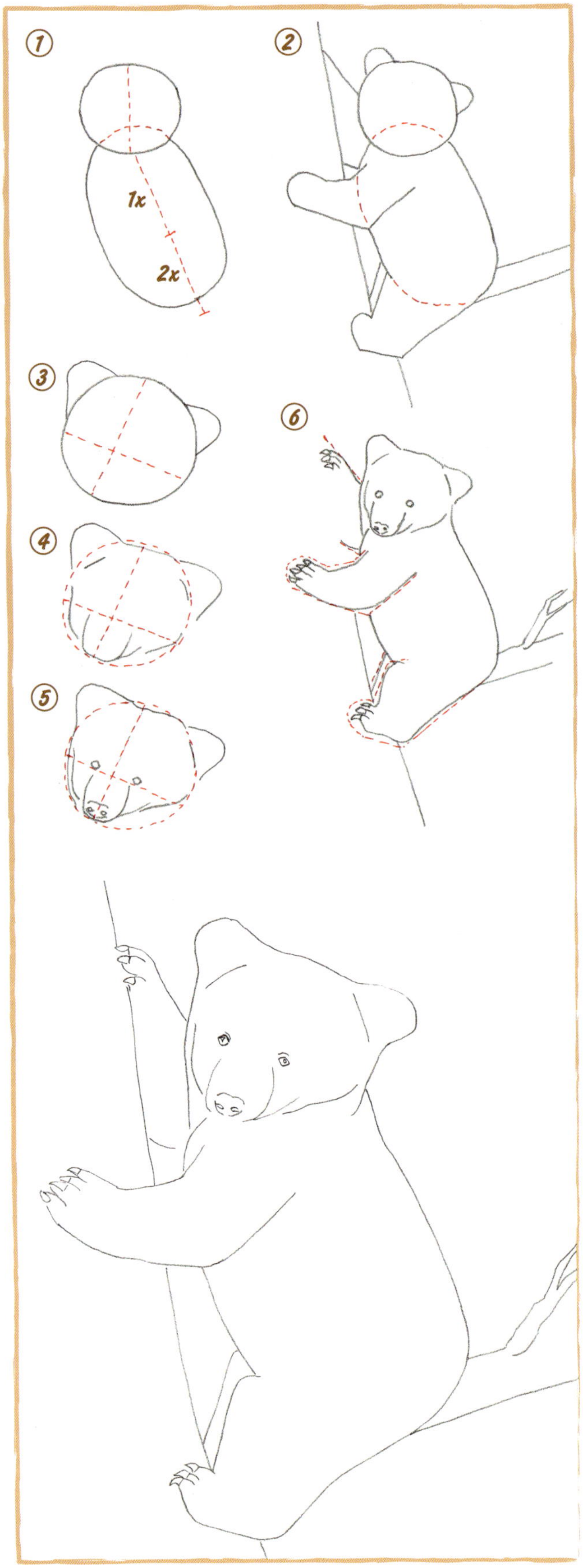

① ②

1x

2x

③

④

⑤

⑥

Was wäre ein Zoo ohne Bären? Ganz besonders süß sind Bärenkinder. Wie gefällt Dir dieser kleine Braunbär? Er klettert gerade einen Baum hoch. Im Moment ruht er sich auf einem Ast aus und beobachtet uns. Das ist eine gute Gelegenheit, ihn zu malen.

① Mit einem Kreis als Grundform für den Kopf beginnen wir unsere Zeichnung. Daran setzt Du ein **Oval**, in das der Kreis etwas weniger als zweimal hineinpasst.

② Mit einfachen geraden Linien werden die Beine gezeichnet. Die Ohren sind kleine Halbkreise. Auch der Baum und der Ast entstehen jetzt schon.

③ Du siehst den kleinen Bären von der Seite, aber er hat den Kopf gedreht und blickt Dich an. Weil er den Kopf leicht geneigt hält, sind die Kreuzlinien schräg. Und weil er Dich nicht ganz von vorn ansieht, liegt die Längslinie etwas nach links verschoben.

④ Die lange Nase sieht aus wie ein großes „U". Zeichne noch die Schnauze und die Nasenlöcher ein.

⑤ Bären haben sehr kleine Augen. Zeichne sie auf die waagerechte Linie.

⑥ Runde die Linien der Beine ab und zeichne die Zehen und Krallen an die Pfoten.

Viele Farben brauchen wir nicht, wenn wir diesen kleinen Bären bunt malen möchten:

Dunkelgelb	Rosa	Rotbraun	Dunkelbraun	Schwarz

Zuerst wird das Fell mit Rotbraun grundiert. Bären haben kurze Haare. Deshalb arbeitest Du wieder mit kurzen Strichen, durch die das Papier hindurch schimmern sollte. Achte auf die Strichrichtung! Dieses Bild zeigt Dir, in welche Richtung Du arbeiten musst:

⑦ Für den vorderen Teil der Nase und die Krallen brauchen wir Rosa. Mit Rosa umrundest Du auch die Augen. Der Bereich über der Nase ist dunkelgelb. Die Augen sind schwarz – bis auf die weißen Lichtpunkte, die Du aussparst!

Abschließend wird das Fell noch einmal mit Dunkelbraun, Schwarz und Dunkelgelb überarbeitet. Male dabei immer mit kurzen Strichen. Die unterschiedlichen Farbschichten vermischen sich dann – und es sieht aus wie richtiges Bärenfell.

Die Rinde des Baums malst Du mit Dunkel- und Rotbraun. Die unregelmäßige Oberfläche entsteht, wenn Du nicht flächig malst, sondern mit unterschiedlich dicken Linien arbeitest. Die Vergrößerung zeigt, wie Du es machen musst.

Ein Elefantenbaby

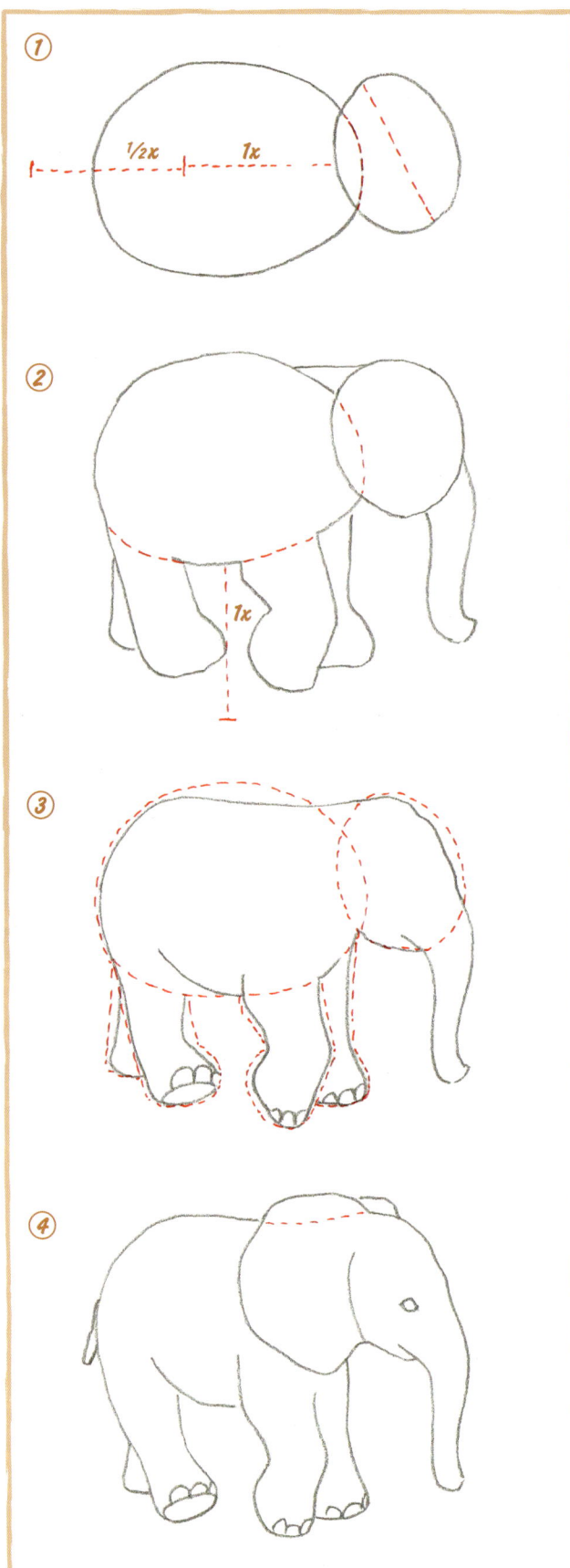

Nach den Bären besuchen wir die Elefanten. Dort sehen wir ein Elefantenbaby. Es ist so süß, dass wir es sofort zeichnen müssen!

① Du beginnst, wie schon so oft, mit einem **Oval** für den Kopf. Daran setzt Du ein zweites, dickes Oval, in das der Kopf etwa 1 ½ Mal hineinpasst. Die beiden Ovale überschneiden sich ein bisschen.

② Kopf und Körper werden oben mit einer kleinen geraden Linie verbunden. Das ist der Hals. An den Körper zeichnest Du die kräftigen Beine mit einfachen, geraden Linien. Sie sind etwas kürzer als dein Kopfmaß. Für den Rüssel, der an das Oval des Kopfes gezeichnet wird, brauchst Du zwei lange gebogene Linien.

③ In den roten Hilfslinien entsteht jetzt mit runden Linien der kleine Elefant. An den unteren Rand der Füße zeichnest Du noch kleine Halbkreise – das sind die Zehen.

④ Nun fehlen noch das große Ohr und das Auge. Radiere die Hilfslinien weg – und die Vorzeichnung ist fertig.

Um das Elefantenbaby bunt zu malen, brauchst Du nicht viele Farben:

| Hellgrau | Dunkelgrau | Dunkelgelb | Rotbraun | Schwarz |

⑤ In diesem Schritt tönst Du den kleinen Elefanten mit Hellgrau. Elefanten haben eine glatte Haut, deshalb solltest Du flächig arbeiten. Erste dunklere Farbbereiche im Schatten entstehen durch stärkeren Druck auf den Buntstift.
Das Auge und die Fußsohle malst Du mit Schwarz. Achte auf den weißen Lichtpunkt im Auge.

Mit Dunkelgelb wird die hellgraue Grundierung übermalt, dabei darf der Stift jedoch nur ganz zart über das Papier geführt werden. Die Farben sollen sich nicht überdecken, sondern mischen. Genauso machst Du es anschließend mit dem rotbraunen Buntstift.
Dunkelgrau sind die Schatten und die dunklen Falten auf dem Rüssel und am Bauch.

Der kleine Elefant ist fertig.

Eine Nilpferdmutter mit ihrem Kind

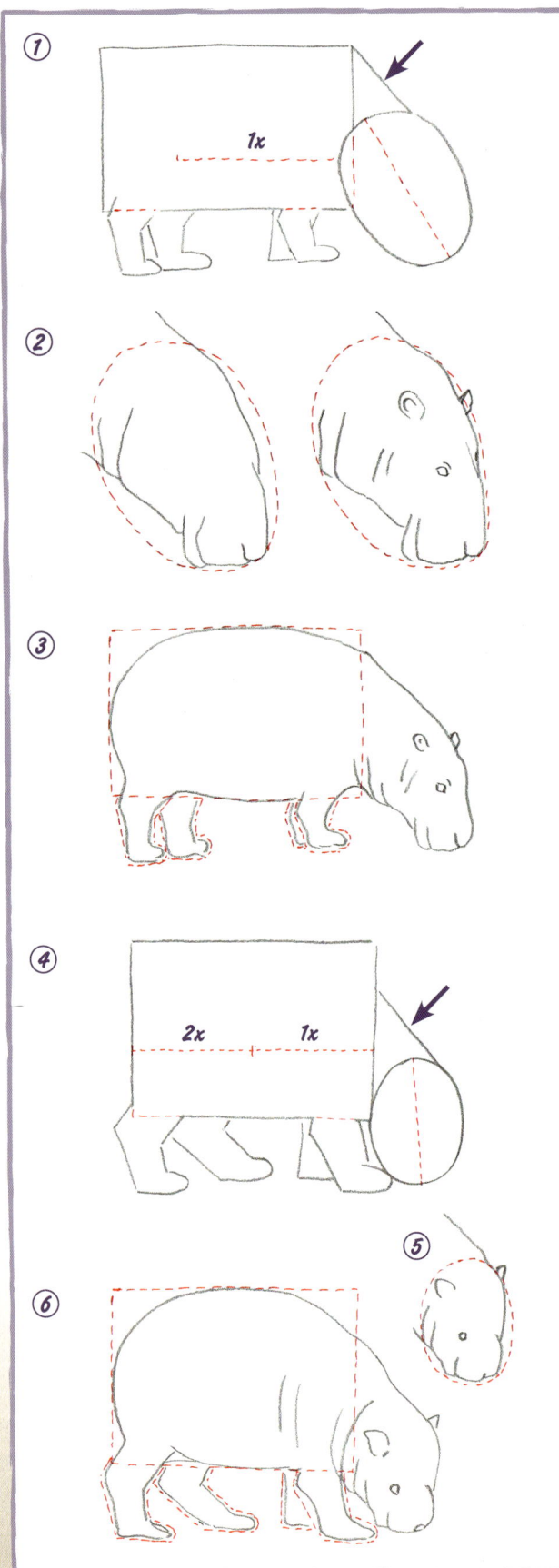

In der Nähe der Elefanten wohnen auch die Nilpferde. Dort sehen wir eine Mutter mit ihrem Kind.

① Zuerst zeichnen wir die Mutter und beginnen mit dem Kopf. Seine Grundform ist ein schräg stehendes **Oval**. Daran zeichnest Du ein **Rechteck**, in das der Kopf etwas mehr als einmal hineinpasst.
Die Linie, auf die der Pfeil zeigt, verbindet den Kopf und den Körper. Die Beine des Nilpferds sind sehr kurz.

② Nun entsteht die Kopfform innerhalb des Ovals. Anschließend zeichnest Du die kleinen Ohren und setzt das Auge an die richtige Stelle.

③ So sieht das Nilpferd aus, wenn es in die roten Hilfslinien gezeichnet wird.

Die Mutter ist fertig. Jetzt zeichnen wir das kleine Nilpferd.

④ An ein senkrecht stehendes **Oval** setzt Du ein großes liegendes **Rechteck**, in das das Oval zweimal hineinpasst. Eine Linie verbindet das Oval mit dem Rechteck. Das ist der Hals. Unter das Rechteck zeichnest Du, wie schon bei der Mutter, die kurzen Beine.

⑤ So wird das Gesicht in das Oval gezeichnet.

⑥ Das brauche ich Dir nicht mehr zu erklären. Das hast Du schon oft gemacht!

⑦ So sieht die Vorzeichnung aus, wenn beide Nilpferde nebeneinander stehen.

Mehr Farben brauchen wir nicht, um sie bunt zu malen:

Nilpferde haben eine glatte und glänzende Haut. Das bedeutet: Du musst flächig malen.

Dunkelbraun Rotbraun

Lila Schwarz

⑧ Zunächst grundierst Du die Nilpferde mit Dunkelbraun. Durch stärkeren Druck auf den Buntstift kannst Du schon erste Schatten herausarbeiten. Für die hellsten Bereiche bleibt weißes Papier stehen. Mit Schwarz malst Du die Augen und die Nasenlöcher.

Mit Rotbraun und Lila bekommt die Haut mehr Farbe. Auf dem Bild kann man gut erkennen, wo diese Farben aufgetragen werden müssen. Zum Schluss tönst Du die Schatten mit Schwarz dunkler.

Eine Eisbärenmutter mit ihrem Kind

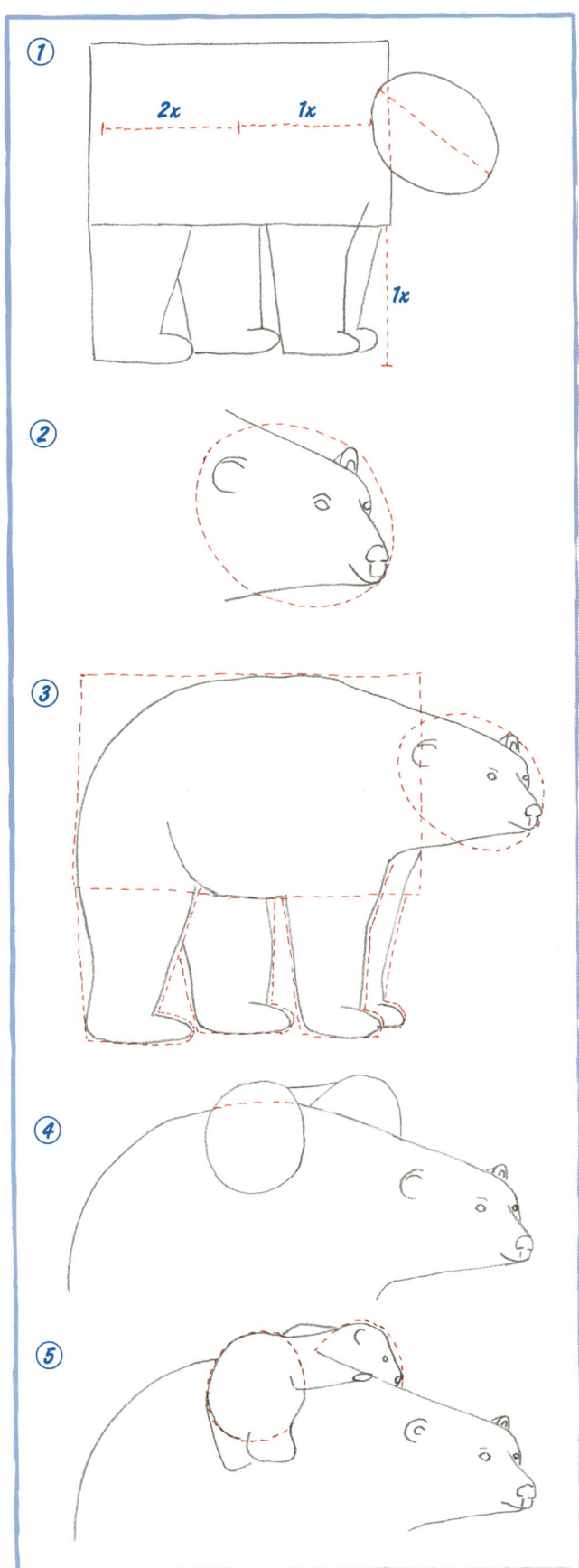

Nachdem ich Dir weiter vorne gezeigt habe, wie ein Braunbär gezeichnet wird, kommen wir jetzt zu den Eisbären. Wir malen eine Eisbärenmutter. Ihr Kind klettert verspielt auf ihrem Rücken herum.

① Wir beginnen mit der Eisbärenmutter und zeichnen sie zunächst ohne Baby. Die Grundform für den Kopf ist ein schräg gezeichnetes **Oval**. Daran setzt Du ein **Rechteck**, in das der Kopf zweimal hineinpasst.
Die Beine werden mit einfachen geraden Linien gezeichnet. Um die richtige Länge zu bestimmen, benutze wieder das Kopfmaß.

② Zeichne zuerst die Kopfform in das Oval. Dann setzt Du die Ohren an die richtige Stelle. Sie sehen aus wie kleine Halbkreise. Auch die Nasenspitze hat diese Form. Zum Schluss zeichnest Du die Augen.

③ Der Körper und die Beine des Eisbären werden jetzt mit abgerundeten Linien in die roten Hilfslinien gezeichnet.

④ Jetzt zeichnen wir das Eisbärenkind. Das Baby liegt quer über dem Rücken seiner Mutter. Wir brauchen einen **Kreis** für den Po und einen **Halbkreis** für den Kopf. Beide Grundformen werden durch eine gerade Linie miteinander verbunden.

⑤ In den Halbkreis zeichnest Du das Gesicht des kleinen Bären. An den Kreis werden anschließend die Beine gesetzt. Die Vorderpfote ist nur eine Linie, die wie ein kleiner Haken aussieht, an den Du ein kleines Oval zeichnest.

Möchtest Du die beiden bunt malen?
Das sind die Farben, die ich benutzt habe:

Hellgrau   Dunkelgrau   Hellblau

Dunkelblau   Rosa   Schwarz

Eisbären sind weiß. Sollte es da nicht genügen, nur die Umrisse zu zeichnen? Nein, denn dann würde man die Struktur des Fells nicht sehen! Auch in weißem Fell gibt es Schatten. Die malen wir mit Hell- und Dunkelgrau in kurzen Strichen – natürlich in die Richtung, in die das Fell gewachsen ist. Mit etwas Hellblau übermalst Du diese Bereiche anschließend. Die Augen, die Nase und die Füße malst Du mit Schwarz. Das Innere der Ohren ist rosa.

Ich habe nur die Fläche unter dem Eisbären mit Dunkelblau getönt – es könnte jedoch auch eine Eislandschaft entstehen – dann wird es ein richtiges Bild.

Eine Pinguinschule

Unser letztes Bild in diesem Buch ist eine Pinguinschule. Zwei erwachsene Pinguine passen auf die Kleinen auf. Du kannst die Pinguine so auf dem Bild verteilen, wie ich es Dir zeige. Sie können jedoch auch ganz anders angeordnet werden. Du wirst sehen: Pinguine zu zeichnen, ist gar nicht schwierig!

① Zuerst zeichnen wir die beiden erwachsenen Pinguine. Hier beginnen wir nicht mit dem Kopf, sondern mit dem Körper. Die Grundform ist ein schlankes **Oval**.

② Daran zeichnest Du eine spitze, gebogene Form. Das ist der Kopf.

③ Teile die Spitze des Kopfes durch eine Linie. Das ist der Schnabel. Setze das Auge recht weit nach oben in den Kopf und zeichne die geschwungene Linie für den Flügel. Nun werden noch der Fuß und der Schwanz gezeichnet – und der erste Pinguin ist fertig.

④ Auch der zweite Pinguin entsteht aus einem **Oval**.

⑤ Diesen Pinguin sehen wir von vorne. Deshalb sieht der Kopf anders aus. Er wird als kleiner **Kreis** in das Oval hinein gezeichnet.

⑥ Zeichne nun den Schnabel als kleines Dreieck an den Kopf und platziere das Auge. Weil der Pinguin etwas seitlich steht, sieht man nur einen Flügel, aber beide Füße – der zweite Pinguin ist fertig.

⑦ Nun zeige ich Dir fünf Pinguinkinder. Sie haben unterschiedliche Körperhaltungen und wir sehen sie mal von der Seite, mal von vorn. Weil sie noch so klein und flauschig sind, sind ihre Köpfe im Verhältnis zum Körper größer als bei den erwachsenen Pinguinen.

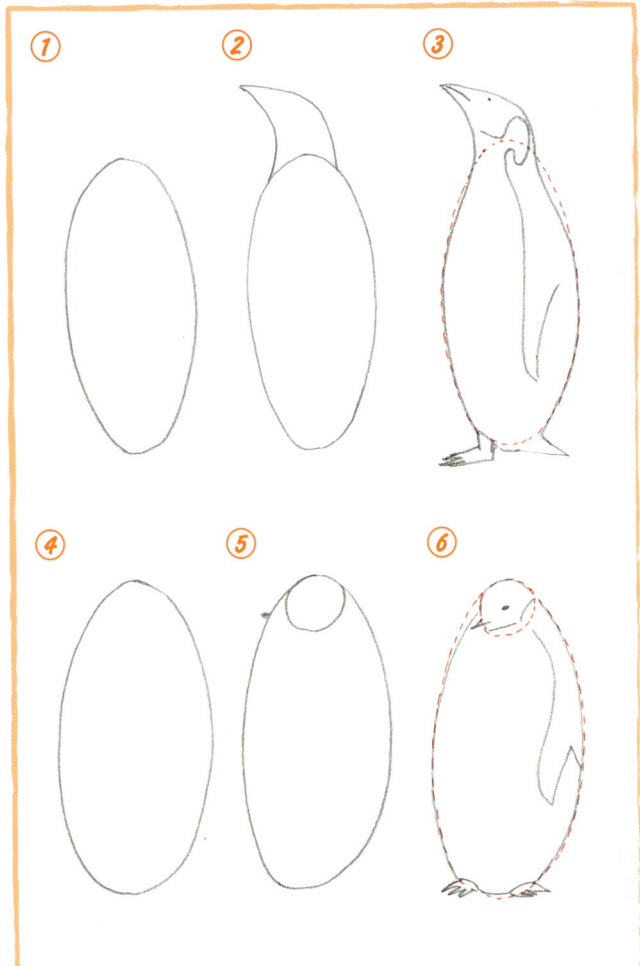

Diese Vorzeichnung ist mein Vorschlag für ein Bild. Hier findest Du alle kleinen Pinguine wieder, die ich Dir gerade gezeigt habe.

Das sind die Farben, mit denen ich das Bild bunt gemalt habe. Für die großen Pinguine brauchen wir:

Hellgelb   Hellorange   Hellgrau   Schwarz

Die kleinen Pinguine werden mit diesen Farben gemalt:

Rosa   Hellblau   Hellgrau   Dunkelgrau   Schwarz

Die Farbverteilung siehst Du in dem Bild. Das Gefieder der großen Pinguine ist kurz und glatt, so dass es fast wie eine glänzende Haut wirkt. Hier solltest Du also flächig arbeiten. Die kleinen Pinguine sind noch ganz flauschig. Die weichen Federn hebst Du hervor, indem Du durch die einzelnen Striche das Papier hindurch schimmern lässt.